FINLAND EDUCATION

在芬兰中小学课堂
观摩研修的365日

陈玟桦 著

中国青年出版社
CHINA YOUTH PRESS

图书在版编目（CIP）数据

在芬兰中小学课堂观摩研修的365日/陈玟桦著.
—北京：中国青年出版社，2021.5
ISBN 978-7-5153-6360-8

Ⅰ.①在… Ⅱ.①陈… Ⅲ.①课堂教学—教学研究—中小学 Ⅳ.①G632.421

中国版本图书馆CIP数据核字（2021）第062973号

版权所有©陈玟桦
本书通过四川一览文化传播广告有限公司代理，经远流出版事业股份有限公司授权出版中文简体字版本
非经书面同意，不得以任何形式任意重制、转载
Simplified Chinese translation copyright © 2021 by China Youth Press.
All rights reserved.

在芬兰中小学课堂观摩研修的365日

作　　者：	陈玟桦
策划编辑：	翟平华
责任编辑：	庞冰心
美术编辑：	佟雪莹
出　　版：	中国青年出版社
发　　行：	北京中青文文化传媒有限公司
电　　话：	010-65511270 / 65516873
公司网址：	www.cyb.com.cn
购书网址：	zqwts.tmall.com
印　　刷：	大厂回族自治县益利印刷有限公司
版　　次：	2021年5月第1版
印　　次：	2021年5月第1次印刷
开　　本：	787×1092　1/16
字　　数：	120千字
印　　张：	15
京权图字：	01-2020-3664
书　　号：	ISBN 978-7-5153-6360-8
定　　价：	49.00元

版权声明

未经出版人事先书面许可，对本出版物的任何部分不得以任何方式或途径复制或传播，包括但不限于复印、录制、录音，或通过任何数据库、在线信息、数字化产品或可检索的系统。

中青版图书，版权所有，盗版必究

推荐文1

素养学习就是"立体×生活"学习

芬兰这几年的国民教育,由于在PISA的测验中表现杰出,顿时成为世界各地取经的对象。大家对芬兰教育的授课时间短、教学不注重学生成绩评量,以及强调以现象为本的跨领域学习模式,都充满好奇。

2018年初,我争取到一个机会,和友人共同前往芬兰,参访学习他们的国民教育。行前为了对芬兰教育有更多了解,通过朋友介绍,知道有一位将去芬兰进行异地研究的师大教育博士候选人陈玟桦。阴错阳差,我们一直都没有碰到面,但是我加入她的脸书。从那时起,我就开始随着她的文章一起神游长达一年的芬兰教育实地研究旅程,亲眼见证一位认真用功的年轻朋友,如何一步一个脚印地完成她的博士论文。

玟桦每天都很认真地写博文,她总是完整地记录当天的所见所闻,主题包括课堂观课、教师互动和学术研讨等不同方面。由于她是长期驻点在芬兰，更能掌握教育的脉络与意义，诠释更为精准，很多地方比自己的亲身访问更为有感，常常觉得能学到很多。

这次为了写这篇文章，我重新浏览玫桦的文章。玫桦在脸书上总共贴了近80篇研究纪实，深刻记录观察学校的教学活动，芬兰教育学术社群的交流，整个芬兰国度的教育氛围，以及个人生活上的点点滴滴。细读玫桦所做的纪录，可以清楚理解，芬兰的教育并不神奇，他们只是认真地实践"在生活中学习，在学习中生活"的真实意义，无论是学生、教师，还是学术工作者，都以终身学习的态度，持续努力地解决周边的生活课题。

芬兰地处北国，冬天季节长、天气严寒，如何让下一代勇敢地适应自然环境的挑战、更健康的活着，是国民教育无可逃避的任务。因此，在玫桦的记录中可以看到，即使是下着大雪的寒冷冬天，也要在户外上两小时以上的体育课，就成为理所当然的事了。由于自然环境的严苛，人民必须学习以更包容的态度相处，以合作来应对环境的挑战。同样地，教育重自我成长、不重排名，对于持续出现的新生事物，以多元观点进行思辨、相互理解尊重，也成为社会的基本共识。

这本书有理论框架的引导，内容深刻而有系统，阅读后可以更精确地掌握芬兰教育的实况与脉络。作者在这本书中除了介绍芬兰自2016年开始实施的新课纲，并且记录了在学校现场观察到的每一门正式与非正式课程的教学理念、活动设计，以及课堂中师生互动的情景。通过这些诠释报道，我们可以体会"学习"如何自然地和

"生活"结合,让知识拥有真实的生命;更可以深刻地感受到芬兰教师愿意以开放态度和同学共同探索周遭现象的自由心灵,作者将这个现象称为"立体学习"。

这些在芬兰教育现场直接获得的经验,非常值得我们学习,书中记录的每一个场景,对我们在教育现场的老师们都是很好的借鉴。

玟桦在过去两年,从本土关怀的议题出发,通过芬兰蹲点,完成一篇极具参考价值的博士论文;其间还发表了三篇学术论文,回来后积极分享她的学习心得,让大家对芬兰的教育有正确的认识,在学术社群产生很大的影响力。

玟桦的这些表现都彰显一流大学培育社会科学博士的意义和价值,足以作为有志于学术研究的青年学子的表率!

——吴思华(台湾政治大学科智所教授)

推荐文 2

显微镜下的芬兰教育

芬兰教育受到各界重视,约始于2011年。当时公布PISA成绩,芬兰表现皆为世界第一,因此受到教育界瞩目。之后,北向取经者络绎不绝。评论意见褒贬皆有。赞扬者认为芬兰教师以学生为本,教学精致且能客制化;批评者却主张要走常规考试道路,芬兰式之教学多元化实在难以实践。

芬兰面积为33.8万平方公里,但人口2019年则仅有550多万。芬兰地处世界边缘之北极圈,天寒地冻且天然资源不丰,却能异军突起屡创佳绩。以2018年PISA结果分析,芬兰学生在评估中成绩优异,阅读、数学、科学三门科目的得分均名列前茅。

较之于欧美国家,芬兰教育体制有其独特之处,其中之一即是学生上课时数较短,暑假长达10周至11周。英国学童5岁入学,芬兰学童7岁才开始正式教育。基础教育定为10年(7-16岁),毕业后可以选择一般高中或职业学校。制度层面上芬兰举国对于技能职业体系的尊重，强调学生学习历程可以随时弹性调整，并与职场工作接轨。在基础教育阶段，教师帮助学生依照个别学习状况进行职业规划，而非拘泥于"唯有读书高"的迷思。

基本上，芬兰教育最令人惊艳之处即在对于学童个别差异的尊重。坚持"小国如我，不能容许社会上出现学习落差与失衡"的长期教育政策，芬兰教育当局通过七大横向素养与差异化教学的宁静改革。通过现象本位教学，进而建构学生问题解决力与跨领域学习力。教师被要求成为新时代智慧师资，必须尽其全力为学生量身定做民主与尊重的教学情境。因为要处理需求不一的学习者，所以必须自我创建，在"一生一课表"的诉求下，设计出客制化教育情境。学生不只是受教者，也是主动的学习个体，必须被充分尊重。影响所及，芬兰孩子在新的教育体制下充分受教，个别差异不再成为放弃学生的正当理由。

以上特色在本书各章描述中即可一目了然。本书作者为博士候选人，亲身到芬兰体验课堂教学一年，并且写下观摩教学的观察。此种努力一扫过往研究者走马观花的不足，能够详尽且深入发掘芬兰教育的特质。本书作者亲身走访芬兰教育现场，以显微镜的视角，一探芬兰教育之脉络与精神，成果可谓丰硕。

在观察过程中，作者深深感受到芬兰教育注重学习过程胜于结果的特色。例如，在以探究取向为主的历史课堂中，教师通过推荐文本选读之设计，诱导学生以思辨为核心，进而思考历史之脉络。课堂中要求各小组学生自行诠释特定历史文本，进而了解历史诠释形式之主观性与客观性。教学过程亦融入历史、哲学与健康教育，通过多领域知识的架构，以便能让学生感受历史科目的立体感，养成其自主认知的能力。

更有趣的是，在艺术课堂中，教师经由拍摄"微电影"之课程设计，将视觉美术与听觉音乐两大学门加以整合，形成相关学群之跨领域学习。学生通过微电影制作历程，从中了解艺术文化之多元性，进一步培养其项目规划能力与乐曲创作能力。艺术课不再是纸上谈兵，而是配合学生兴趣，引导学生利用感官体验的自我学习历程。想想看，若能依循自我兴趣，结合多元艺术而拍摄一部微电影，即使过程辛苦多舛，但其中之学习又是如何独特而珍贵。

由以上两个课程中，也可以看到芬兰教育非常重视团队合作。其认为在未来社会结构之变迁下，想要让工作价值发挥最大效能，跨领域能力之结合乃是成功的关键。因此，学校从孩子幼年时就开始强调教育团队合作。其中包括如何与他人相处、如何发挥团队力量、如何信任彼此与如何领导团队等。芬兰将乐趣与学习合二为一的课程设计值得肯定，其厉行小组合作学习，更为彰显师生"学习共同体"的实践。

激发学生面对学习、敢于学习与乐于学习乃是处理学生差异的不二法门。世界已成地球村，如果抱残守缺，一味坚持以前工厂生产线之思维，产出的仅是"标准规格"的学生，而无法应付诡谲多变之世局。芬兰多元化课堂教学无疑会使教师负担加重，利弊取舍之间，则需要依据实际情况加以深思。

本书亦包括"情境化教学"的语文课、"科技应用整合"的数学课、"一班一乐团"的音乐课等教学描述。即使不能全盘移植,各科教师也多少能从中学习芬兰教育正式课程的设计思维,与非正式课程的建构模式。乐以推荐。如果你是对当前制式教育深感疲惫的教师,阅读此书或能注入一池活水。

——秦梦群(台湾政治大学教育系特聘教授)

推荐文 3

向专注于教育的老师学习

2018年11月,第一次收到玫桦从芬兰寄来的信,那时,我刚上任不久,并不认识她,但对于一位教育现场老师愿意主动走出去做裨益于自身教育视野的研究、愿意主动敞开心胸谈教育蓝图,我很高兴也很振奋,因为这是新时代下我们期待教师能有的新角色之一。

2019年初,玫桦从芬兰研究回来后,我便邀请她来与市政府人员面对面谈谈她的观察与研究。由于对象都是管教育的行政人员,她很实在地问该以什么主题较好,我说她不妨自行发挥。当天,她在会议厅面对一百多位听众,却一点也不紧张,还特别以"芬兰2016年新课纲｜专访赫尔辛基市教育部门纪实分享"为题,分享了她在赫尔辛基访问地方教育单位几位主管的内容与省思。

她提到,在芬兰做课堂观察时,她也充分感受到地方教育单位给予学校师生的支持,故在芬兰师生放暑假和寒假时,她通过自行联系、滚雪球方式,又走访当地地方政府行政人员,请教市政府如何与学校产生强联结、学校老师又为何以身为市政府员工为荣等问题。面对同仁的热烈提问，玟桦也一一耐心回复，如实反馈当地见闻，短短一小时却让大家很有收获。我想，她关心课堂生活，也注意学校与外部的联结，这与市政府的理念是一致的，也让我们市政府其他单位同仁后续筹划与安排许多会议和活动时，都持续与她保持联系，也看得出来，她是一位能动性很强，也具高度行动力的教育研究者。

终于，欣见玟桦在取得博士学位后，接着完成这本《在芬兰中小学课堂观摩研修的365日》。她出书分享在芬兰蹲点一年，看待芬兰教育的新观点和新视野。读过这本书便能知道，她绝不是再一次地"赞颂"了芬兰教育，而是从一位基层教师、经过一流学府培育出来的专业学术研究训练后学者的眼光，来引导大家正确认识芬兰教育现场的真实情况。

尤其，本书第二篇正式和非正式课程的贴近课堂观察及真实描述，也让我们看到芬兰有些教学法和课纲内容足见关怀教育、务实作为的理念，教育不应该只是一种神话，而是实实在在、一步步实作而来。

此外，在正式课程和非正式课程之后，玟桦各写有几页篇幅的"观察外一章"，这些反思内容我觉得亦是本书亮点之一，无论是地方行政人员、学术单位、教师还是一般家长，都可从中获得一些思考或启发。

如同学校都会举办许多教育交流或师生相互参访，这些都在鼓励师生拓展视野、向世界走去，也邀请世界走进来，而不在于复制粘贴。诚如玟桦在书中分享许多她所收集的第一手资料，做为一名教师、研究者，甚至行动者，我都乐见与肯定她的认真与用心，我们以有此教师为荣。因此，我特别为本书做出强力推荐。

——张明文（新北市教育局局长）

推荐文 4

立体学习的实践者

陈玫桦博士是我的指导学生,在指导的过程中,她带给我一连串的惊喜……

第一个惊喜:"老师,我的期刊论文得奖了!"

玫桦担任中学数学教师十多年,她有丰富的教学经验,但为了探索经验背后的理论知识,她以留职停薪方式到台湾师范大学课程与教学研究所专心攻读博士学位。玫桦具有学术探究的热情及潜力,而且学习态度积极认真。她在课堂上总能将理论与实务联结,时常提出批判性的观点或建设性的意见。她很清楚自己的研究方向,为了自我充实,多方寻求学习机会,还发表多篇期刊论文,其中一篇论文主题为《师生共构文化回应数学教学之个案研究》,这是她教学行动研究的成果,她将批判识读运用到数学教学,探讨教学的公平性议题。本论文在期刊上获得年度最佳论文奖,在博士生阶段能在教育领域优秀的学术期刊获此殊荣,实属不易。

在芬兰中小学课堂观摩研修的365日

第二个惊喜:"老师,我要去芬兰做研究!"

有一天,玟桦跟我说她想申请补助去芬兰做研究,到芬兰探究新课纲推动的现象为本学习,我很肯定她外出研究的挑战精神,并协助她申请计划。计划通过后,她说要先试着自己寻找芬兰的指导教授与研究领域,必要时再请我协助,我一直到阅读本书书稿,才知道她收到8封拒绝信后才等到赫尔辛基大学贾里·拉沃宁教授同意指导。

贾里·拉沃宁帮玟桦引荐了一所公立学校,这所学校愿意让玟桦蹲点研究一年,这在芬兰是非常难得的机会,玟桦把握这个来之不易的机会,全时间投入研究,除了正式课程观察,她也参与各类非正式课程与教师社群会议,与领域内的师生建立了良好的关系,很快地从局外人的角色转化为局内人,进行自然情境的参与观察。这段期间,我很享受与她讨论芬兰的研究成果,也很喜欢阅读她在网络上分享的研究笔记。前者是硬性的学术分析,像是研究的前台;后者是软性的情感抒发,像是研究的后台。玟桦阅读一手资料,探究芬兰新课纲的理念与赫尔辛基的适用政策,再置身于研究场域,将焦点放在赫尔辛基一所学校,研究课堂中师生如何共构跨领域主题式和现象为本的学习历程,从广度与深度的视角探析芬兰课程改革的理想与现实,最后完成《立体学习地景——芬兰赫尔辛基一间学校的现象为本学习》博士论文。

第三个惊喜:"老师,我要出书了!"

玟桦的论文除了对田野的课程发展与学生学习有厚实的描述,

也能与跨领域课程发展理论相互搭架对话，更重要的是提出研究者的批判观点，论文有相当精彩的论述，是近几年探讨芬兰教育的重要论文。我鼓励她尽快将博士论文改写为期刊论文，与更多同行分享。

就在等待期刊论文审查结果的过程中，玟桦告诉我："老师，我要出书了！"我还特别提醒她期刊论文与专书内容不能雷同，她说这是不同的著作，我才知道她将观察笔记整理成一本书《在芬兰中小学课堂观摩研修的365日》，本书包含她在芬兰研究场域正式课程与非正式课程的观察，通过玟桦跨文化的敏锐度，选择教育工作者感兴趣的现象，再运用扎实的学术训练，贯穿课程与教学的重要议题。本书的性质介于研究的前台与后台之间，它跳脱学位论文的硬知识，也超越田野札记的软情感。

阅读本书我们好像跟着玟桦到了芬兰的课堂，有身临其境之感，又能从中反思我们当前的教学，非常值得细细品味。

玟桦在两年内，充分运用这次研究机会，完成了一本博士论文与这本专书，书写速度之快，我都望尘莫及。我觉得她就像自己笔下的芬兰学生一样，是一位立体学习（Pop-up learning）的实践者。我会继续期待玟桦的表现，就像打开立体书那一刻，享受书中跳出来的每一个惊喜。

——刘美慧（台湾师范大学教育学系教授兼系主任、课程与教学研究所所长）

自 序

芬兰教育的传奇或神话一直在世界流传着，从未曾停过。

当教授问我"为何又是芬兰教育"时，我的回应是："总要有人先将这个传奇或神话暂停下来、一起好好思考，然后相互诘问，'为何又是芬兰教育？'"

"若今天不试着面对与处理这个议题，那么，我们还是会被随之而来的另一类教育学习淹没……"我好像又感受到了自己的教育社会学之眼在来回转动。

于是，接下来就如同第一篇"为何去芬兰？"作为这个故事的起头。

2018年，我天天蹲点于芬兰一所公立中小学进行研究，我与当地师生一起上下课、参与他们的节庆、观察他们如何上课等，从早到晚，从第一天到最后一天。

或许我从没有离开过工作岗位，是的，当我看到我所熟悉的课堂生活以另一种我可能也做得到的方式呈现时，我非常投入，也不断鼓励并反省自己过去的教学。

2019年初，我暂时离开芬兰、回到家乡，完成了我的博士论文

"立体学习地景——芬兰赫尔辛基一间学校的现象为本学习"研究。我想,我可能暂且找到了想要的答案:

"我们要的恐怕不是芬兰教育,而是立体学习!"

"未来教育应以师生为核心的共构课程,而且无惧于师生的彰权益能!"

然后,我也更加确认的是——所有的行动都应该朝向"做重要且有价值的事"!

这本书一共分为两篇:第一篇"为何去芬兰?"提到自己到芬兰研究的动机,同时简介芬兰新课纲;第二篇"芬兰教学现场观察"分享我在芬兰中小学蹲点365天时所收集的第一手资料、正式/非正式/其他课程的观察与纪录。

于此,我特别感谢硕博以来三位指导教授:硕士班指导教授潘慧玲院长、博士班指导教授刘美慧主任及赫尔辛基大学贾里·拉沃宁教授,感谢老师们信任我可以做到;感谢所有良师益友的鼓励与教诲;感谢远流出版社和陈总编辑莉苓的支持与鼓励;感谢"千里马计划"和"奖励人文与社会科学领域博士候选人撰写博士论文"对此论文的补助。有大家鼓励,我已是非常幸运。

2019年末,意外地收到指导教授的恭贺——博论获得2018年田培林教授和贾馥茗教授的两个优良奖项!无疑地,这对一再练习"如何做改善生活的研究"与"学习做跨文化研究"的我来说是莫大鼓励,感谢大家的肯定与厚爱,我会更努力。

最后,感谢亲爱的娜娜酱陪伴我在芬兰度过每一天做研究的日子,回想起我俩刚抵达赫尔辛基时对雪地行走的困顿,到后来能在严寒气候下玩雪、安全行走,我突然也很好奇我俩在芬兰这一年"长出"了什么能力。还有,谢谢我的先生吴俊龙始终以爱为名、守护我俩。

目录 CONTENTS

第一部分　为何去芬兰　023

第一章　为何去芬兰　024

芬兰废除学科教学？直接到芬兰课堂观察 / 024

十封信带来的机遇 / 026

第二章　芬兰2016年新课纲的实施　030

芬兰教育改革脉络概览 / 030

新课纲揭示七大横向能力 / 031

揭秘神奇的个案学校 / 039

第二部分　芬兰教学现场观察　043

第三章　芬兰课堂观察：正式课程篇　045

设计课堂——1. 强调生活实用的家庭经济课　045

数学课堂——2. 联结生活经验的数学学习　059

科学课堂——3. 鼓励对外界事物产生好奇，

并转化为问题的环境研究课　076

——4. 包含以田野的方法来检视学习

内容的生物课　085

艺术课堂——5. 强调从做中学的视觉艺术课堂　097

——6. 一人一乐器，重视体验的音乐教学　110

语文课堂——7. 差异化教学"到底"的芬兰语与文学课　128

——8. 擅于设计有趣有效教学

活动的瑞典语老师　136

——9. 作为多数学生选择为第一外语的英语　143

体育课堂——10. Move!通过体能活动促进

生活幸福的体育课　158

社会课堂——11. 以探究取向为主的历史课 |

"第一次世界大战的起因"　169

现象为本学习——12. 蕴含立体学习地景的沃土　179

课间活动——13. 作为学习一环的课间活动　187

第四章　芬兰课堂观察：非正式课程篇　194

师生专属的庆典　194

学生代表会议　202

		全校郊游日	**209**

第五章　芬兰课堂观察：其他　　　　　　　　　　217

  教师共同备课　　　　　　　　　　　　　　217

  家长日/夜　　　　　　　　　　　　　　　　223

后记：我的研究能带来什么样的贡献　　　　233

PART 1

第一部分
为何去芬兰

第一章

为何去芬兰

芬兰废除学科教学？直接到芬兰课堂观察

2017年冬天，当"千里马计划"①榜单张贴出来时，很多人见我都问："为何去芬兰？"

对于大众（或全世界）来说，对芬兰似乎已有一种共同的看法，"以教育闻名、PISA成绩名列前茅、教师地位崇高……"

2014年夏天，我在中学教书刚好满十年。这些日子以来，有关芬兰教育文献、新闻报道也都与大家一样阅听过无数次。从一开始好奇，到后来反复听闻、认为内容逐渐百无新意，最后也就渐渐无感。

其实，那些新闻偶尔也会带来沮丧。

如同自己做为一名教师，即使自认为与大多数教师一样一直都在课堂尽心尽力，却也不甚清楚究竟还要多少努力才能让教育更好。

---

① 科学委员会自2003年起奖助博士候选人和博士到世界各国进行研究，称为"千里马计划"。

"如果有机会去一个国家做研究，你想去哪里？"

"我能去芬兰中小学课堂看看吗？"

"为何去芬兰？"

"谁都说他们教育很不错？但我从没听过他们的课堂里头发生什么……我和学生一直都在课堂里，课堂里的事会让我们更感兴趣……"

"他们最近废除学科教学了……"

"那是假新闻！"

"你怎么知道？"

"……我能去芬兰中小学课堂看看究竟是如何上课吗？"

"但你必须找到一个芬兰大学教授来指导你[①]，你有熟识的吗？"

"很遗憾，我从不认识任何一个，但可以给我时间去试试吗？"

"好，但你只有一个月时间……在这段时间，你不仅得提出你的中英文研究计划、找到愿意指导你的芬兰教授，也要自觅一间愿意让你蹲点一年的学校……"

原本计划四年要毕业的我，却突然这么自问自答起来。

初次听闻此计划的人都这么追问我：

"你的勇气哪里来？"

"你会说芬兰语吗？"

"你一个人去不怕吗？"

"你没有经济压力？"

---

① 根据"千里马计划"规定，研究人员必须要有一位当地的大学教授同意指导。

"你的先生怎么办?"

"你的工作呢?"

"你如何……"

我有些汗颜却也要相当诚实地说,我完全没有考量这些。

若你曾向我提问过这些,便知道我始终唯一的答案是:"先让我试试看再说。"

在那一个月后的期限里,虽然压力很大,但我还是认真撰写了计划。接下来,我还要努力找到芬兰大学教授和一间能够让我长期蹲点研究的学校,而此时,我完全没有认识任何一人。

十封信带来的机遇

我没有让指导教授多为我担心,因为过去以来,老师已帮忙我太多了。这一次,我也想对自己的问题解决能力作一试练。

尤其,我也常在课堂里鼓励学生尝试解决自己制造出来的问题。只是令人紧张的是,只剩两周就是申请计划的截止时间,而我仍然没有认识任何一位芬兰大学教授。

那天,我上网浏览芬兰各大学网站。我自然地先从赫尔辛基大学查阅起,我想它位于芬兰首都,旅行经验告诉我首都通常交通较便利。

我以"数学教育""社学科学""师资培育"为关键字分别输入查询,然后再交集、比对,最后找到十多位与我有相类似研究背景的学者专家。

我仔细阅读他们的学术背景、近年研究兴趣,以及最新文章。然后,我记下一共十位我感兴趣的教授的电子邮件。

紧接着,我将已经备妥的英文自我简介、英文研究计划书、过去研究成果等,分别寄送给这十位教授。

文中,我表明自己是中学数学教师,期待就教于芬兰中小学课堂,希望他们能够愿意作为我的明灯指引。

然后,我还鼓起勇气提出建议,我向他们提出,若他们同意,我很乐意交流自己所教的课堂数学教学、自己的兴趣研究,以及或许我也能协助芬兰课堂教学。

当第十封信件传送出去后,离截止时间只剩下短短七天,机会似乎越来越渺茫。

接下来,我如常地做着平日做的事——读书、写文、与娜娜酱去公园散步、午后的咖啡小憩。

可能我做到了先生一直教给我的座右铭"先尽力,然后就平常心",所以内心越来越为平静。偶尔,我想起机会靠我这么近却又那么遥远时,会觉得自己为何可以让生活变得那么有趣。这样的过程我感到非常享受。

我又很正向地想着"这享受的感觉已值回票价",就算最后去不成又有什么关系?

信寄出后一两天,我便收到了回音。

学者们的回复大多扼要、直接,却也充满鼓励。

其中一类回复是"基于某些因素,我无法指导你,但期待你来参与……"另一类回复则是"我对你的研究感兴趣，但我更乐意为你推荐至其他更适合指导你的教授或部门……"还有一类回复是："我是一名博士生，恐无法给予指导（这是我的疏忽，我后来才知芬兰大学多将博士生列为正式研究人员，而我将他误认是一般教授了），但基于与你有共同的关怀，我愿意与所属的研究团队讨论支持你来此研究的可能……"

每一封内容，即使才几字，我也看得用心用力。

这是第一次，我真切地感受到网际网络的影响力，我传送信息给关键的陌生人，而远在另一端的他们竟也回复给了从未谋面的我。

我想起老师在课堂上常鼓励我们"教师即陌生人"。我以为，在网络世界里，是否我们也正作为陌生人？

阅读后，我立即一一回复。除了感谢学者们的友好鼓励外，也对他们愿意为我继续转介推荐表示真诚的感谢。截止日倒数第三天，我将一篇苦思多时的研究架构梗概描绘了七八分、感受一丝甘来时，便决定提早出门去散步。

散步后，我们来到咖啡厅。手机突然响了，接着画面跳出一连串密麻英文字，这让我神经敏感。

是的，这是第九封、也是最后一封来自赫尔辛基大学教授的回信，信中短短几行字："你的研究很有趣，我可以指导你……"

原本驼背坐着的我攸地伸直了腰杆，拿起了手机近距离再读一次："你的研究很有趣，我可以指导你……"

我心跳加速，我感到像梦一般，觉得不可思议——原来，梦想真的有机会实现!

我遗漏了店员后来对我说的每一个字,但依稀记得其中有一段是:"……你今天来早了……"

"当时间不再是无限循环的无聊数字时,那会是什么?"

我想起歌德说:"时间是我的财产,而我的田亩是时间。"

第二章

芬兰2016年新课纲的实施

芬兰教育改革脉络概览

早以前,芬兰为双轨教育系统,学童在年幼时即进行分流教育,导致学习机会的不平等。由于教育平等议题长久以来成为政治上的热门议题,从1968年开始,芬兰政府对基础教育进行自上而下的改革,并把普及义务教育置于国家政策的中心。1972年,芬兰开始建立了九年一贯制的综合学校,承担义务基础教育任务,其最重要的目标是让所有年满7周岁的儿童享有平等地接受优质的教育的权利。

1970年至1990年,历经此教改二十年,在理念与行动相互激荡下,芬兰教育决策逐渐走向地方分权,1985年之后,权力下放和教师自主的走向就此定调,同时终止学生能力分班情形,个别学生需求成为教育关注的焦点。

1994年,课程改革赋予自治市地方当局更多自主权,学校本位决定也成为制定课程的重要基础,此外,教科书审查和定期访视学校等做法直接被废除,地方和学校权能都获得更大扩充。

核心课程纲领推行十年之后，2004年再次进行修订，此次教育改革重点主要是针对综合学校的课程纲要做出更符合学生个别化学习的调整，并且将教材的选择权交由各校与教师。换言之，芬兰教育改革更朝向符合宪法所规范国民受教权之平等精神，也持续往综合式的基础学制发展。

2014年《国家基础教育核心课程改革》，主要改革目标在于教学法与学校文化。此次变革目标强调面对未来教育学校所扮演的积极角色，至于发展学校文化和师生权能也都是此次变革的重点要项。

整体来说，在芬兰，《国家基础教育核心课程》是一个相当新的制度。《国家基础教育核心课程》界定了课程共同架构与基本指导原则，提供给地方政府和学校依其环境脉络发展课程，同时也鼓励将当地特色与可能性纳入考量，在组织教育内容与实施核心课程方面，地方政府与学校亦拥有相当高的自主权。此外，从前述脉络不难得知，芬兰基础教育的目的朝向全国教育保有充分的公平性，所谓教育公平意旨机会均等，至于尊重个别差异则是实践教育公平性更进一步的前提。

新课纲揭示七大横向能力

2014年6月，芬兰国家教育署（Finnish National Agency for Education）公布《国家基础教育核心课程》（National Core Curriculum for Basic Education），这是在距前一次2004年课程改革约十年后，再次公告的新课纲，并订于2016年8月开始实施。

根据新课纲，为培养21世纪学生应具备的能力，学校进行科目教学时应协助学生发展"横向能力"。

所谓"横向能力"，是指"由知识、技能、价值观、态度，以及意志所组成的一实体"，而"能力"意味着"一种在特定情况下应用知识和技能的能力"。换言之，"发展学生的横向能力"作为芬兰新课纲总目标，表达了此次基础教育核心课程设计的重心在提升学生面对21世纪挑战的能力。

此横向能力共有七项，包括：

■ 思考与学习的能力

此能力是发展其他能力和终身学习的基础，学生视自己为学习者并知悉与环境互动的方式会影响他们的思考和学习。他们学习观察、探寻、评价、编辑、制作，以及分享信息与想法之方式也是学习所不可或缺的。学生知道可以多种方式构建信息，例如：通过有意识推理或基于个人经验的直觉。探索性和创造性的工作方法、与他人共事，以及专注于一切可能性等，均能促进思考和学习能力的发展。

此外，鼓励学生提出问题、寻找答案、聆听他人观点，同时反思个人的内在知识。作为学校学习社群的成员，学生的想法和倡议获得支持能增强他们的能动性。他们独立地运用信息，通过与他人互动以达到问题解决、论证、推理、获得结论，以及创意发明的目的。教师协助每位学生辨识他们个人的学习方式并发展学习策略，随着学生通过参与设定目标、规划任务、评估自己的进步,以及适龄地使用技术和其他工具去学习之外,"学习如何学习"的技能也将得到进展。在基础教育阶段,此能力之培养可促使学生习得良好知能基础,也能为终身学习创造持续性动力。

■ 文化识读、沟通与表述的能力

学生成长在一个具多样文化、语言、宗教,以及哲学的真实世界中,要拥抱文化永续的生活方式和在多样化环境中行动的先决条件便是能具备有尊重人权、欣赏互动,以及表达自己和其观点的方法等文化能力。鼓励学生去思考个人背景的重要性和其在世代相传中位置,他们学习认识文化、哲学如何在社会中发挥影响力、媒体如何塑造文化,以及思考人权的不可侵犯性等,通过与学校社群和与外部合作,学生学习辨识文化特征并能在不同环境中灵活行动。

此外,学生在学校中应有机会提供建设性意见和展开道德性行动。他们学习易位去审度问题并考虑真实情况。学生学习认识权利与义务,以及这些所象征的行动意义。在学校社群中,学生体验互动对于个人发展很重要,他们学习以不同方式表达自我,同时也是语言的灵活运用者,即使是使用有限的语言与他人互动也同样受到鼓励。此外,学生学习使用数学符号、图像视觉、戏剧与音乐,以及运动等作为互动和表达的方法也一样重要。学校鼓励发挥想象力和创造力,学生也学习在生活环境中提升审美价值并享受于自己所选的各式表征形式。在基础教育中,学生认识和欣赏环境中的文化意义、建立个人文化认同,以及建立与环境的正向关系。

■ 自我照顾、管理日常生活的能力

所谓管理日常生活乃涵盖对健康、安全、人际关系、机动性、交通、日益进步的科技日常,以及个人财务与消费管理等,这都是永续生活的重要元素。基础教育鼓励学生积极地思考未来,而学校社区也引导他们了解每个人都影响自己的和他人福祉、健康,以及安全。学生能有机会为自己的行动承担责任,也培养情感与社交技能;他们学习时间管理,把此作为日常生活管理的一部分,同时也是一种自我调节。学生有机会在各种情况下如通勤中练习照顾自己和他人的安全,能考虑危险情境以能采取适当行动,能学习识别与安全相关的重要讯号,以保护自己的隐私并设置个人界限。

此外,关于科技的选择,他们也需要有明智的建议。在教学过程中,科技的多样功能需要常被检视,学生应了解其操作原理和构成成本。指导学生负责任地使用科技,同时也让学生思考其所衍生的道德问题亦是学习的一环。再者,为管理和规划个人理财,学生还发展他们的消费技能和能力。他们学习充当一名消费者,懂得批判性地检视广告,以及认识并具伦理意识地善用个人权利与责任。在基础教育中,学生学习理解那些得以促进或破坏福祉与健康的重要因素、发现与此相关的重要信息,他们被鼓励适度、分享、节俭,以及有练习做决定和以永续方式行动的机会。

■ **多元识读的能力**

此能力是指跨越各种不同文本进行解释、生成，以及做出价值判断的能力，有助于学生理解不同文化交流的方式，并建立他们的个人认同。多元识读对"文本"的定义较为包容，凡由语言、视觉、听觉、数字和运动符号，以及其各种组合系统所呈现的知识均是其范畴，并可以书面、口头、印刷、视听，或是数位形式等来诠释或生成。

此外，多元识读支持批判性思维和学习技能的发展，在发展过程中，学生也讨论并反省有关道德和美学的问题。学生的多元识读能力在学校科目中逐渐发展起来，然而培养此能力的一先决条件便是提供丰富的文本环境、借鉴它的教学法，以及在教学中与其他行动者合作，让学生有沉浸于不同类型文本学习的机会，或独立或合作地运用、解释、生成这些不同类型的文本。在基础教育阶段，学习材料包括有不同呈现模式的文本，学生理解他们自己的文化脉络获得支持，他们检视那些对自己具意义的真实文本，也根据这些文本来解释世界，此让学生可以通过个人优势和善用学习内容以参与和投入整个学习历程。

■ **信息与通信科技能力**

ICT（Information and Communication Technology，信息与通信科技）本身既是一重要的公民技能，也是多元识读能力的一部分。它是一个学习客体也是一项工具。学生在基础教育中的每一年级、不同科目、多学科学习模块，以及其他学校工作中都能有应用ICT的机会。

学生发展ICT能力主要展现于四个方面：

1. 指导学生理解使用ICT原则和其运作原则与关键概念，并支持他们在创作中发展实用的ICT能力。

2. 引导学生以负责任、安全，以及符合人体工程学的方式使用ICT。

3. 指导学生在信息管理和探索性、创造性工作中使用ICT。

4. 学生在互动和网络中积累使用ICT的经验并实践。

此四个方面中，非常重要一点是学生本身需相当主动，他们有发挥创意和找到合适的工作方法和学习途径的机会。此外，与他人共同行动和因重大发现所带来的乐趣也至关重要，这都影响他们的学习动机。ICT提供的是一种能以多样方式促使想法和创意可见的工具，它同时也是发展思考和学习如何学习的技能。

此外，鼓励学生在观察日常生活重要事物与人际交往，以及将其作为一种能产生影响的渠道时，皆能熟悉应用和使用ICT。学生和老师一起思考为何在学习、工作，以及社会中使用ICT，且这些技能如何成为工作生活能力的一部分。他们学习从永续发展观点去评估ICT所带来的影响，并成为负责任的使用者。在基础教育阶段，学生们积累于国际交流中使用ICT的经验，同时也学习理解它于全球中的重要性、可能性，以及存在的风险。

■ 工作生活能力和创业精神

由于科技进步和经济全球化等驱动因素，工作生活、职业，以及工作性质正在发生变化。预测工作要求比以前更加困难。基础教育必须教导学生此种能力，以促进对工作和工作生活的兴趣及积极态度。学生必须获得经验，帮助他们了解工作和进取的重要性、创业潜力，以及他们作为社区与社会一分子的个人责任，让学生积累工作生活知识、学习创业操作方法，并了解在学校和闲暇时间所习得的能力对于未来职业生涯的重要性。学生能熟悉当地企业、行业，以及重要部门之特点，在基础教育中，引导学生认识工作生活，鼓励他们收集与学校外部行动者合作的经验。在这些机会中，学生在工作生活和协作技能方面不断练习，并理解语言和互动技能的重要性，他们也要能熟悉自我雇佣、创业，以及风险评估且通过各种方案来控制风险的技能。学生学习团队合作、项目工作，以及网络化。

此外，学生必须有机会独立作业或与他人一起工作，在共同任务中，每位学生都将自己的工作视为整体的一部分，他们了解互惠原则并努力实现共同目标。在机能性的学习情境中，学生学习规划工作流程、做出假设、尝试不同选择并得出结论。他们练习估计任务所需时间和工作的其他先决条件，并在当情况发生变化时能找到新的解决方案。与此同时，他们也有机会学习预测他们在工作中可能遭遇的任何困难、可能面临的失败和失望，而鼓励他们坚持不懈地全力以赴、对结果领会于心亦是要项之一。在基础教育阶段，鼓励学生开放心胸以抓住先机，并在面对变革时灵活、创造性地行动，引导他们采取主动并发现各种可能选项、支持他们辨识自己的职业兴趣，并从各自起点进一步地理性选择，同时意识到传统性别角色和其他楷模的影响。

■ 参与、影响及打造永续未来的能力

学生通过他们与自然的关系了解到保护环境的重要性，学会评估媒体的影响力并善用它所提供的机会。根据经验，学生学习影响、决策及责任，也学习理解规则、协议，以及信任的重要性。通过学校内外部的参与，学生学习建设性地表达他们的观点、学习一起工作、练习谈判的技巧、仲裁、解决冲突，以及对议题进行批判性检视等，同时也被鼓励从及永续生活方式等角度来思考提案。在基础教育阶段，学生们思考过去、现在，以及未来之间的联结，并考量各种变通性的未来。引导他们了解自身所处的环境，要调整自身的生活方式，适应自然、社会环境，评估自身，以便为永续发展的未来做出贡献。

整体来说，为符合全球对21世纪能力本位教学的期待，芬兰发展七大横向能力为新课纲的总目标，凸显了学校课堂将伴随结合能力导向和主题导向教与学新模式的需求。然而，当课纲进入教育现场后，学校师生如何进行转化？如何运作？正式课程和非正式课程的实践如何？教师是否进行共同备课？家长日如何进行？对此，第二篇将有一系列来自于芬兰教育现场的第一手资料报道。

揭秘神奇的个案学校

1917年，芬兰独立后，位于芬兰最南端、座落于波罗的海的芬兰湾沿海、地处多个海湾之间的赫尔辛基市便成为首都，一直延续至今。根据统计，截至2017年1月止，芬兰全国总人数共有5503297人，其中大赫尔辛基地区居住人口总数有1456619人，由赫尔辛基市、埃斯波、万塔、考尼艾宁四个城市所组成的赫尔辛基首都地区居住人口总数有1138502人，占大赫尔辛基地区人口数的78％，至于赫尔辛基市的居住人口也有635181人，占赫尔辛基首都地区人口数的43％、全国人口数的11.5％，其人口密度相对于全国每平方千米18人而言高出约1.63倍。

P校位于赫尔辛基市，建校于19世纪，是一间公立学校，当时仅成立小学部；20世纪末，增设七—九年级课程，正式成立综合学校；2007年底，为与国际接轨，在市政府教育政策鼓励下采纳国际文凭课程（International Baccalaureate®, IB）至今。

P校遵循芬兰《基础教育法》规定，除了必须落实2016年新课纲、赫尔辛基市课程指南，融入有IB课程系统亦为特色，于此，学校以芬兰语与英语两种语言分轨授课，以芬兰语学习的学生主要来自邻近社区家庭，以英语学习课程的学生则来自赫尔辛基首都地区。

无论芬兰语还是英语学习班级，同年级教学内容均相同，也享有共同师资和资源。P校也同步发展有自己学校的课程，并免费提供学生所研发的各类学习教材。

至2018年1月止，P校一年级有三个班级（一班以英语授课，另两班以芬兰语授课）外，其余二至九年级每年级各设置两个班级，一以英语授课，另一个则以芬兰语授课，全校学生共近500名，员工约50名。

■ "一生一课表"

根据新课纲和赫尔辛基市政府规定，一至九年级每周的最低教学节数为：一至二年级每周十九节，三年级每周二十二节，四年级每周二十四节，五至六年级每周二十五节，七至八年级每周二十九节，以及九年级每周三十节（如表1）；至于学科教学分为必修和选修两种，必修共有十八个科目（如表2），选修则依学生需求或兴趣安排开设。

表1 芬兰基础教育各年级每周最低教学节数

年级	每周至少学习节数
1-2	19
3	22
4	24
5-6	25
7-8	29
9	30

表2 芬兰基础教育提供的学科科目

• 母语和文学（芬兰语或瑞典语）	• 化学
• 其他官方与员工（瑞典语或芬兰语）	• 生物学
• 外语	• 地理
• 环境研究	• 体育
• 健康教育	• 音乐
• 宗教或伦理	• 视觉艺术
• 历史	• 工艺
• 社会研究	• 家庭经济
• 数学	• 选修课
• 物理	

资料来源：City of Helsink (2017)

此外，根据芬兰《基础教育法》，每一教学时间至少为四十五分钟，故一般学校大多安排上课四十五分钟后便休息十五分钟，凡一次进行更长时间课程时（如六十分钟或七十五分钟且中间无休息者），则休息时间也须相应延长。以P校为例，学校设定一节课上课时间为四十五分钟，一次下课时间为十五分钟，午餐时间为三十分钟，由于选修课程因人而异，故采用"一生一课表"。

■ 多数教师具有十年以上教学资历

P校一年级共三班，二至九年级各置两班，一年级至六年级每班设有一名班级教师，七年级至九年级每班设有一名导师。在P校，除了校长具有博士学位，其余教师均具有硕士学位。

近年来，因学校学生人数逐年增加，学校陆续聘请助理教师，其学历则较多元，或具硕士学位，或大学学历，也有高中学历，主要任务在协助班级人数较多的课堂师生进行教学，这些班级大多以低年级课堂为主。

除了上述教师，基于选修课程、其他必修课程师资之需要，学校也聘有短期教师或与他校合聘教师。例如，西班牙语是校内开设的选修课程，其师资便是短期、外聘而来。校长指出，这些短聘或合聘教师，会视学校需求延长或解除聘期，由于他们在校课务不多，故可自由选择是否参与周三的教师共同备课。

第二部分

芬兰教学现场观察

第三章　　芬兰课堂观察：正式课程篇

设计课堂

数学课堂

科学课堂

艺术课堂

语文课堂

体育课堂

社会课堂

现象为本学习

课间活动

第四章　　芬兰课堂观察：非正式课程篇

师生专属的庆典

学生代表会议

全校郊游日

第五章　　芬兰课堂观察：其他

教师共同备课

家长日/夜

第三章

芬兰课堂观察：正式课程篇

设计课堂——1. 强调生活实用的家庭经济课

> "对了，你们若是吃掉这些，老师该如何给你们评分呢？"我一边尝着烤饼，一边好奇地问她们。
>
> "其实老师已经评分评得差不多了。"女孩回答我。
>
> "是吗？何时？我怎么没有注意到？"我感到相当惊讶，因为我不记得有看到老师拿着纸笔登记分数。
>
> "我们烹饪时，她不是有过来看我们工作吗？还帮我们试味道、更换适合料理的厨具……那些就是了，等我们完成作品，她也差不多完成评分……"女孩不紧不慢地说。

教学任务｜发展照顾他人并作为家庭与社会的积极成员

根据芬兰课纲，家庭经济课从七年级开始设立，其主要教学任务旨在：

"培养掌握日常生活所需的知识、技能、态度及准备程度，并采取促进幸福的可持续生活方式"

"提高手工技能和创造力""在家庭日常生活中保有选择和可持续行动的能力"，

"发展照顾他人的能力并朝向作为家族、家庭及社会的一名积极成员"等。

基于此，老师的教学主要是加强学生的学习毅力、与他人一起行动的能力、批判性管理信息的能力，以及注意学生在学习环境中的平等参与。

关键内容领域｜兼容饮食、居家生活及家务管理

这里将以七年级的"家庭经营｜健康料理、认识家庭收支概况"教学为例。根据课纲，家庭经济关键内容领域共有三项，包括：饮食知能和饮食文化、住家和生活，以及家务消费与财务能力。

芬兰教室实况观察

观课时间	2018年3月 连续三节
班级/学科	七年级/家庭经济课

学习单元	【家庭经营】健康料理、认识家庭收支概况
任务名称	1.料理烹饪：肠汤、薄烤饼 2.账务管理学习："消费者的权利与责任"
教学目标	1.指导学生练习管理家庭所需的手动技能，并鼓励他/她发挥创造力并注意美学；2.指导学生在计划和实施学习任务中练习听力，建设性讨论和辩论；3.支持学生在家庭及其周围环境中阅读，解释和评估指示以及符号和符号的技能的发展
上课形式	两班制

■ 布置如同居家环境般的家庭经济课教室

个案学校每一学科都有"专科教室"，每一间教室大小约是我们一般中小学教室的两倍大，教室内墙边建有高挑的橱柜，橱柜里摆放教学用具或学生学习半成品等。在这里，学生上课如同大学生般，每节课依照科别至不同的专科教室上课，而学科教师会在教室等候大家。

这间家庭经济课教室宽敞明亮、设备齐全，可能因装置有齐全的厨房设备，教室空间明显再比其他专科教室大上一倍。这间家庭经济教室内规划成三个子空间：一是"开放式厨房区"，规划有四间小型开放式厨房，每间配置有两个电炉、一个烤箱、一套橱柜，以及琳琅满目的调味料罐等，其布置和设备之齐全就如同一般公寓，充满了居家风情（如图1）；二是"师生教学座位区"，主要是师生进行课程听讲时使用，有趣的是，当师生听讲时，这些书桌是书写与讨论的功能，但转换成餐厅模式时（煮食后上菜），书桌则被学生装点成带有美丽瓶花与鲜艳餐垫/巾纸的餐桌；三是"储藏室"，里面摆置有三个至四个大型冰箱，还有各类餐盘、杯具、刀叉、刀组，以及大尺寸分量的调味料或调味酱等，当然，一定不会缺少的还有更多的食谱书籍和参考用书等。

图1　家庭经济课教室一隅：开放式厨房区

此外，整间教室墙上还挂有多幅赏心悦目的美丽画作，及几张引导思考如"如何可以促进营养饮食"的文字海报等（如图2），整体来说，家庭经济课教室内软硬件设备齐全，朝向一般家庭居所的布置环境令学生有亲近感，色彩缤纷的空间让置身其中的人怀有满满的愉悦心情，好似也促进了食欲。

图2　家庭经济教室环境布置

■ 朝向分组轮流上课｜为照顾好每一位学生

我随着学生进到教室时，见到学生多主动地就位：洗手、戴上围裙、整理桌面，他们看着桌上的食材，猜想着今日可能的手工料理名称和内容等。这些七年级学生约有三分之二从一年级起便就读于此间学校，对于专科教室环境和家庭经济教师显然都已十分熟悉。

七年级学生生的家庭经济课如同数学、物理、英语、化学、瑞典语等，均采分组轮流上课，即"两班制"。为何如此？家庭经济老师说，这是为让老师可以尽可能地了解学生的工作情形，尤其这一门课时常需要实验、练习或手作，她更必须要注意到学生学习过程中的实作与安全性问题，"不分组的话，我无法照顾到每一位学生"。此外，家庭经济课教师也提到，这种"两班制"在芬兰综合学校里是常态现象,事实上,许多研究也证实人数过多的教室教学恐怕影响学习效果,此议题更是许多国家近年来进行教育改革时多会提出慎思的重要议题之一,当今的芬兰学校也正朝向为"降低班级人数"而致力。

■ 应对多元文化的变通性教学策略

个案学校七年级家庭经济课一周一次,一次连续三节课,根据教师规划,通常烹饪会在前两节课完成,最后一节则是学习家庭事务管理的知能,这些知能包括:家庭账目的管理、衣物洗涤方式的认识、家具材质的最适选择以及家人关系的经营等。

课堂正式开始后,家庭经济教师先发给每位学生两张食谱单,也顺道介绍起今天将做的两道料理:一道为肠汤,另一道为薄烤饼,此两道都是芬兰人日常饮食内容,对于学生来说并不陌生。

家庭经济课教师提及,几乎所有学生都喜爱烹饪,他们热爱手工、亲手烹调,且不分男女。她说得一点也没错,当学生看到这两道熟悉料理时已忍不住七嘴八舌、蠢蠢欲动。在让学生进厨房区之前,老师先提醒学生应依组员人数重新计量调味与食材,在用火、用电时也应注意温度,一旦有任何问题应立即反映。此外,她也鼓励大家在烹饪过程中亲力亲为,又叮咛食物上桌前,也不要忘记先布置好餐桌再将美食呈上。语毕,学生们个个兴奋地起身转往厨房工作,他们或两人或三人一组使用一间开放式厨房,每个人看起来都兴奋极了!

忙碌间，我见班上一位巴基斯坦女孩和一位印度女孩合作烹饪的酱汤未依食谱建议放入肉汤块，我好奇地靠近并询问。

"你们为什么没有依照食谱制作呢？"我问。

"喔，因为我是教徒，至于她（印度学生）则是素食主义者，我们跟对方同一组，必须考虑到当料理完成后能不能一起享用的问题，所以，我们决定不放入肉汤块。"这位巴基斯坦的女孩详尽地回答了我的问题。

我听了之后感到有些羞赧，忘了身处多元文化的欧洲校园，对于身边可能常态性相逢不同背景文化的人事物应更有敏觉心与同理心才是，这也提醒我在日后的课堂观察时应更有包容心与同理心。

■ 以形成性评量为主｜重视学生"学习烹饪的历程"

大约过了一个小时，多数学生陆续地将书桌布置成美丽的餐桌（如图3）。仔细一看，桌上不仅都铺有餐垫、餐具，还有美丽瓶花与色彩鲜艳的餐巾纸，每桌配色虽不尽相同，但搭配却都格外好看，让人感受美食当前、食指大动。

这时，刚与我对话的那位巴基斯坦女孩正端着一块薄烤饼向我走来，她有点害羞地将饼递给我说想让我试试看，而那位印度女孩则从储藏室"提"来一大桶草莓果酱帮我添在薄饼上（如图4），略带羞涩地对我说："请享用！"此时的师生教学座位区，好似一番悠闲自在的午茶咖啡馆气息！

"对了，你们若吃掉这些，老师该如何给你们评分呢？"我一边

在芬兰中小学课堂观摩研修的365日

图3

图4

品尝着烤饼，一边好奇地问她们。

"其实老师已经评分评得差不多了。"女孩回答我。

"是吗？何时？我怎么没有注意到？"我感到相当惊讶，因为我不记得有看到老师拿着纸笔登记分数。

"我们烹饪时，她不是有过来看我们工作吗？还帮我们试味道、更换适合料理的厨具，那些就是了，等我们完成作品，她也差不多完成评分。"另一位女孩不紧不慢地说。

"那就是？原来如此。"我突然想起诸多文献不都提及的课堂教学评估很重要的一项便是"注重学习过程胜于结果"，我竟然忽略了！

换言之，对学生学习过程的理解与凸显形成性评价的功能，一定远远地比单独看到单一成品便给予一个分数更具深度与意义，这也再次提醒了身为教育工作者为学生进行学习评价时，应对"评价"本身保有慎思，即评价的目的不在于消耗师生的时间和学教意愿，而是尽可能地引发并保有学生的学习动机和兴趣，在情感上，甚至还能促动师生一起期待下一次学教经验的来临。评价本身不是目的，而是用来判断师生教学目标是否达成并据以改进教学的方法、评价，是达到目的的一种手段。

■ 烹饪后，还有账务管理的学习

最后一节，是家庭事务管理课程。关于最后一节教学过程，教师通常分为三个阶段让学生完成主题的学习，此三个阶段包括：

1. 自行阅读或观看教师所指定的文章或影片；

2. 回答教师发下的学习单上问题（通常有标准答案）；

3. 教师引导全班讨论答案并补充相关知能。

今日，老师将家庭管理的学习主题定为《消费者的权利与责任》[①]，其教学过程如表1。

表1 家庭事务管理的教学过程

过程	说明
一	先让学生自行通过教具观看Youtube影片《消费者的权利与责任》（教师已先将影片名称写在白板上，并鼓励学生使用手机或向老师索取平板连接网络收看）
二	接着请学生回答并写下学习单上的问题，这些问题如：消费者有哪些权益与义务？你认为作为一名负责任的消费者应该再注意什么？
三	教师引导全班讨论学习单上的问题，并请大家修正或者补充

然而，原以为教师引导学生讨论的仅是"消费者"这一端的权利与义务之范畴，却又见老师也追问学生关于"提供服务者应如何负责任地提供合理且安全物品""供应者如何提供完整且透明的信息给消费者"一类问题，这让整个学习过程变得更具整体性、反思性，

[①] 影片《消费者的权利与责任》(Consumer Rights and Responsibilities)，主要内容为介绍消费者权利和责任的概念。此影片由一家位于印度孟买的教育创新公司Mexus Education Pvt Ltd.所拍摄。家庭经济课教师指出，她之所以选择此影片是因为其将大概念解说得扼要且清楚，且影片长约九分钟，相当符合她的教学活动时间安排。

也让学生有机会在不同角色中来回地设身处地、有同理心。

课后，教师提醒我，由于近年来芬兰年轻族群勇于创业、喜于与他人合伙创建公司，故让学生知道人我关系的权责与义务也是她这节课设定的教学目标之一，她希望学生更能抓住消费行为和其行动背后应有的道德伦理核心概念，而此也能有助于家庭与社会之间的正向联结。

■ 累积管理家庭事务的能力

课堂结束前，教师又给学生一项"计算"任务。她让学生试着去计算个人或家庭的收支。她请学生以"月"为单位计算自己或家庭之"常态性支出"和"变动性支出"。为让学生更有概念，她将事先准备好的某参考书中相似例子直接投影在荧幕上，一边解说一边鼓励学生练习绘制。

对于此项任务，学生不仅要先理解一些专有名词如"常态性支出"和"变动性支出"意义，还得进一步理解如何组织与计算出这些数值，这是一项包含数学知识技能的任务，看得出来，多数学生在计算百分比时都感受到挑战。

"你这个地方是否尝试再验算一下？"我看到学生H把百分比值算错便提醒她。

"喔，对，应该是25％才对。"她很快地找到了错误，便擦掉又重写一次。

"画完圆饼之后会交给老师批改吗？"我好奇地问。

"没有，这只是练习。"她解释。

"那你们如何确认结果是否正确呢？"可能自己教学生数学，对这类凡正确/错误二分法答案较为敏感，故好奇而询问。

"当然，不会的地方可以去问老师。"她似乎对我的问题有些不知如何回应。

"你的意思是不会的话主动去问、去学，是这样吗？"我猜想她的意思后想再确定。

她微笑点点头，接着又说："是的，不会的人自己会主动去问老师。"她好似因为我终于理解而松了一口气。

我突然想到，这是指"自动自发"吗？对于学生H的回答，我思考是否可能"自动自发"能力也需要学校教育并有系统地加以引导？对于学习，个案学校学生若真的较能"自动自发"，那么，原因可能会是什么呢？这让我感到好奇。

观察外一章：在盘子上看到了多样性和道德

先谈一下芬兰家庭经济学作为教学的历史概况。

芬兰家庭经济学教学的历史可追溯至19世纪90年代。当时，一位牧师的女儿安娜·奥尔索尼受到芬兰妇女协会的资助，被派往伦敦进行考察旅行。当她归来时，教育学烹饪学校在赫尔辛基成立，首届学生也于1891年开始学习。

以往，在芬兰小学，仅女孩能学习家庭经济学，但随着20世纪70年代综合学校制度的出现，家庭经济学已成为所有学生的必修课，也一直持续至今。家庭经济课教师指出，在芬兰的综合学校中，家庭经济课不仅涉及烹饪，也为学生提供与消费过程有关的全部技能及与家庭生活和居家有关的课题学习，如清洗衣服、打扫卫生、购物，以及学习居家科技。

根据观察与访谈，对个案学校学生来说，家庭经济课诚然是受到多数学生欢迎的学科之一。事实上，此现象在其他学校可能亦复如是，究其原因，或基于其实用和动手操作的特性，如将实验、阅读及互动三者直接做出结合，无须在理论和实践之间进行严格区分的关系。

每次，当我参与观察家庭经济课堂时，越来越能清晰的是：这可能无关乎于这是一间什么学校，而是因为无论是多数的芬兰籍学生还是少数的非芬兰籍学生，他们都习于依照自己的宗教信仰、文化、家庭饮食习性等，"特制"出专属佳肴美食，抑或是通过"协商"做出双方都能品尝的料理，在此"烹饪"过程中可以清楚地看见，"食物"终究非烹饪时的唯一主角，人与人之间的互动、与不同于自己背景的人共同工作、协商等，可能让彼此学习更多。

回想刚进入家庭经济课堂观察时，我总专注于看师生的教与学内容，但很快地，我便发现在家庭经济课教学中，多样性的相遇在盘子上得到了具体体现，"人"之间的互动才是最平实且有趣的焦点。

换言之，通过家庭经济课学习，不同宗教或生活习惯的学生们得以健康的眼光理解人的"同"与"不同"，至于家庭经济学老师对课堂中的特殊饮食与如何将其纳入自己的教学中亦是关键之一。

此外，根据在赫尔辛基大学的参与学习也发现，在芬兰大学中，要取得家庭经济专业博士学位也是可能的。

数学课堂——2. 联结生活经验的数学学习

> 对大部分的学生来说，几乎很快地都找到了自己所在城——赫尔辛基。此外，在检索过程中，多数学生也同步去察看几个自己感兴趣或曾经去过的国家和城市，他们在地图上一边寻找这些国家或城市，一边谈论着过去的美好记忆（尤其才刚刚过完的暑假），甚至自行串联起飞机飞行的时间、当地的物价、他国与芬兰的时差等，谈论中包括对数学（数量）的感觉、感受生活中有数学的感觉、体验国家与国家在"数或量"上面差异的感觉……

教学任务 | 在生活中以多种方式应用数学

根据芬兰课纲，数学课主要教学任务是在"支持学生逻辑、精确和创造性的数学思维之发展"和"奠定理解数学概念和结构、提高学生处理信息和解决问题能力的基础"等。基于此，在一至二年级，数学教学主要为学生提供丰富经验，为数学概念和结构的形成奠定基础，师生教学运用不同的感官，通过具体的工具、谈话、写作、绘图，以及解释图像等来提高学生表达数学思维的能力；在三至六年级，数学教学支持学生技能的发展，更能以不同的方式并借助不同的工具向其他人展示他们的数学思维和解决方案，学生还将提高他们的算术技能的流利程度；在七至九年级，数学教学是增强学生数学的知能，帮助其加深对数学概念及其之间联系的理解，鼓励在自己的生活中发现并运用数学，此外，团队合作能力在教学中也能得到发展。

关键内容领域 | 重视数学基础概念和理解

这里将以一节六年级课堂的"比例尺"教学为例。根据课纲，三年级至六年级数学课关键内容领域共有五项，包括：思考能力、数字与运算、代数、几何与测量，以及资料处理与软件、统计及概率。

芬兰课堂实况观察

观课时间	2018年8月某周连续两节
班级/学科	六年级/数学课
学习单元	缩图与比例尺
任务名称	1.探索地图上国家位置和其相对位置 2.利用缩图和比例尺算出某感兴趣城市与赫尔辛基之间实际距离
教学目标	1.指导学生利用操作的属性来提高流利的心理和书面算术技能
上课形式	全班一起上课

■ 引导探究性学习的数学教学

许多人以为，数学教学急需通过直接讲述法来引导学生学习，并通过不断地演练题目以达到学习精熟、促成理解。然而，对于这一点，个案学校师生可不一定完全同意。

个案学校"自学"风气无所不在，多数的学科教师（包括数学教师）上课都简短扼要地说，学生也习于通过一些工具来辅助学习，例如：计算机、手机、参考书等。六年级导师麦克提到，除直接讲述法，他也相当重视探究取向教学，至于探究的对象，他认为可以是知识，也可以是技能，更可以是"学习如何学习"等。

以一节常态性的数学课来说，麦克通常会在提示一个至两个任

在芬兰中小学课堂观摩研修的365日

务之后,便少有讲述,而是将大部分时间留给学生自行去探究,而他则在一段时间后才接近他们,探查他们的学习情形。关于麦克和其学生上课的形式,以连续两堂的"比例尺"教学为例。联结生活经验的"数学感"学习。

一般来说,对于比例尺"表示原物与缩图(或放大图)之倍率关系"概念的学习,学生通常需要先了解缩图或放大图与原图边长的倍率关系后较能理解。对目前正进行的"缩图与比例尺"教学设计,麦克所列教学目标主要有六个,包括:

1. 认识缩图与放大图;

2. 了解平面图形放大、缩小对长度、角度与面积的影响;

3. 绘制缩图与放大图;

4. 借由缩图与放大图的长、宽比值来认识比例尺;

5. 借由缩图与比例尺估算实际长度;

6. 借由比例尺估算缩图的长度或距离。

现在教学进度已来到第5项"借由缩图与比例尺估算实际长度"。上课后,麦克将课前已在谷歌地图上抓取并彩色输出的一涵盖有北欧至北非的局部地图发给每位学生,有些学生拿到地图后因好奇而浏览,有些从背包取出笔记本、铅笔、直尺,有些则站起从两旁的柜子取出平板计算机以备用。

待一切纸本和工具就绪后,麦克拉下卷轴、开启一幅世界地图,他先向大家展示芬兰和其他某些国家地理位置(如图1)后,又简短地复习了比例尺的意义、算法,紧接着,他再请大家于地图上检索出赫尔辛基的所在位置。

图1　教师利用世界地图向全班讲解比例尺概念

我：你找到赫尔辛基了吗？

学生S：（点头并在地图上指认出来）

我：你对世界地图熟悉吗？

学生S：这一区还可以……

我：那你还知道哪些城市？

学生S：我刚刚找到了马德里（在地图上指出西班牙），我和家人暑假才去那里，搭飞机飞了五小时。

显然地，对大部分学生来说，几乎很快地都找到了自己所在城——赫尔辛基。此外，在检索过程中，多数学生也同步去察看几个自己感兴趣或曾经去过的国家和城市，他们在地图上一边寻找这些国家或城市,一边谈论着过去的美好记忆(尤其才刚刚过完的暑假),甚至自行串联起飞机飞行的时间、当地的物价、他国与芬兰的时差等,谈论中包括对数学(数量)的感觉、感受生活中有数学的感觉、体验国家与国家在"数或量"上面差异的感觉。

■ 各有偏好的学习方式

在初步探究后,麦克正式给学生两个任务,并请他们在接下来的时间里尽可能地完成,此两任务内容分别为:第一,探索这张地图上各个国家的位置和其相对位置;第二,利用缩图和比例尺算出

图2 学生自主选择偏好的学习方式和地点

图3　两位学生选择到沙发区协同学习

地图上某自己感兴趣城市与赫尔辛基之间的实际距离。在简要说明之后，麦克便回到自己座位上，暂时不再涉入学生学习。

学生在了解任务内容后，先是考量并决定自己所偏好的学习地点和方式。在学习地点上，他们有些来到教室后方沙发区，有些选择留在原座位，有些自行调整座位，有些则直接改坐卧于地面；在学习方式上，有些选择独立探究，有些则是选择协同学习（如图2、图3）。

"只要是在学习，大部分时候我不会限制他们要以何种形式学习，若分心了，我就是提醒他们。"麦克如是说。

■ 任务一：引起动机从探索地图开始

根据访谈，过去这个暑假，班上学生几乎都才与家人出游回到赫尔辛基，其中有超过一半以上学生都是出国旅行。对于任务一，学生多延续自课堂刚开始时对此地图初步探索的话题，他们一样从赫尔辛基出发，与身边同学聊到暑假与家人至何处旅行，然后也试图在地图上找到这些目的地，而当他们找到这些目的地之后，大多说"哇，原来离赫尔辛基这么远"或"我就知道它比xxx城市还要近多了……"这一类的话。

学生S：之前我也到阿拉伯（手指地图）……

学生A：我知道，那是意大利的一个岛……你知道那里有什么特色？

学生S：可以度假……拿破仑也住过这里……

（小六数学课堂观察）

由于目前的学习重点是"比例尺"，当学生在查看感兴趣的国家或城市之余，有些也会特别去"寻找"地图上的"比例尺"。然而，即使学生对缩图同步呈现"比例尺"的意涵已有相当理解，但此次地图上所显示的"比例尺"有一较特殊之处在于：使用有两种不同长度单位的图示，一为公制单位，另一为英制单位（如图4①），对此，有些学生则感到困惑。

学生A：这有两种比例尺图示？

学生D：是两种不同单位，麦克说过……你可以看上面这个，我们（芬兰）是用"千米"……

学生S：另一种（单位）是英国人用的……这两种（比例尺）都可以用……

（小六数学课堂观察）

事实上，麦克在过去课堂上曾对学生提过公制单位和英制单位的异同，因此，多数学生均知道自己国家的惯用公制单位。此外，极少数学生讨论了公制单位和英制单位之间的关系，他们通过网络查询，甚至提到两者单位长度转换的问题。

一般来说，比例尺常以1和其缩小或放大的倍率的比、比值或线段图来表示。若以麦克发的这张北欧至北非地图来说，"比例尺"除了未以"比值"呈现，另两种表示法均有呈现，还特别列有一行"1厘米=137千米；1英寸=215英里"（如图4②）。

然而，有学生也细心地发现，"1厘米=137千米"和"比例1:13,664,000"（如图4③）之间存在有误差，对此，也让他们有些犹豫应以哪种"比例尺"较为适当。不久，有学生直接举手向麦克发问，麦克则是轻轻地回应学生："你们可以根据自己的理由来决定要使用哪一比例尺"。

根据观察，大部分学生都选择以"13664000厘米"（地图上的1厘米表示实际长为13664厘米）来计算，主要原因是学生以为这种"以'比'的观点来表示地图上的1个单位长线段代表实际上的13,664,000个单位"表示形式较直观，也较为常见，至于选择"1厘米=137千米"为用的学生则是认为相较"13664000厘米"，"137千米"诚然是易于计算的理想数字。

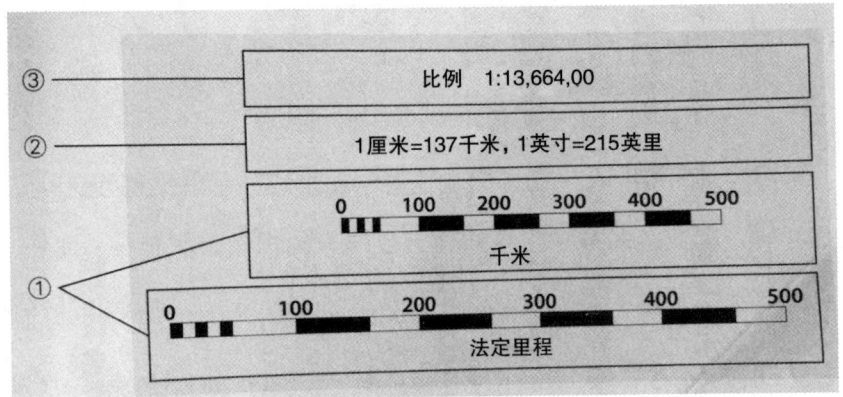

图4　地图上的比例尺咨询

■ 任务二：从自我命题中维持学习动机

关于第二个探索任务，学生必须利用缩图和比例尺算出地图上自己感兴趣的城市与赫尔辛基之间的距离。

根据观察与访谈，多数学生都以暑假旅行的城市或曾去过的地方为标的。确定地点后，他们便拿出直尺将两地连起来、测量图上两点之间距离，并将相关信息写在笔记本上，紧接着，便在笔记本上计算起两点之间的实际距离（如图5）。

> 我量了（阿拉伯到赫尔辛基）距离是16厘米……我用137千米来计算……实际距离是2192千米……我还想试试看马德里……（访学生S）

> 从赫尔辛基搭Eckero Line（船公司名称）到塔林大概3小时，我们假日常去……我算出两点（实际）距离大约是78千米……（访学生A）

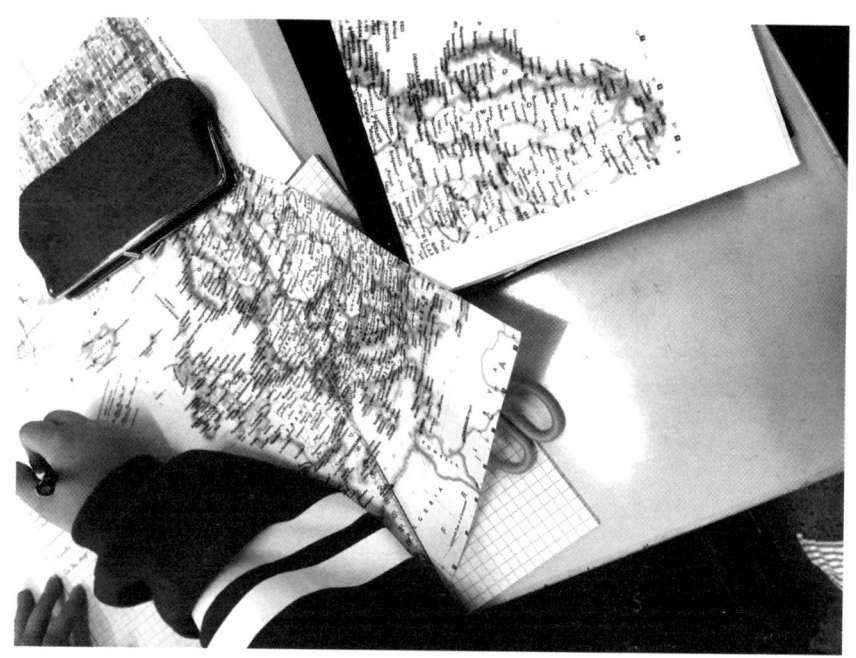

图5 学生以尺量测两点之间距离

当学生进入第二项任务时,麦克已在教室内走动。他俯身查看学生的学习表现、给予一些建议,通常他告诉学生一些测量的技巧或计算程序问题,有时,他也好奇地询问学生为何选此城市等,对此,有些学生会热情地与麦克分享,在进行数字运算的同时,还挟带有一些情意面向的真实互动。

整体来说,大部分学生对此任务相当感兴趣,也都至少选择了两个以上的城市分别与赫尔辛基计算实际距离。不过,麦克也发现,不少学生在进行"两位数乘两位数或三位数乘两位数"仍常有错,这让他思考到也许学生还需要一些额外的笔算练习时间,他想起明天的数学课正好是两班制课堂，便打算再帮学生复习乘法运算，也包括"估算"内容。

■ 在两班制课堂中锁定诊断性评估

由于学生计算"两位数乘两位数或三位数乘两位数"仍常错误，麦克决定在隔天两班制课堂上，再特别对此笔算进行复习。

隔天，当一班被拆解成两组、一组仅剩十多位学生时，麦克显然更能照顾到每一位学生。他请学生拿出前几堂课上已事先发予的数学题目，并让他们一一上台至黑板上进行笔算练习，每当一位上台时，其他同学则安静地观看其笔算过程（如图6），当发现计算过程有误时，大家并不会立即指正，而是等对方写完、检查完毕并走回座位坐定后，才一起讨论他的书写。这不仅让上台书写者可以完整地经历整个运算历程、不受干扰，也能让其在反复验算时有机会优先发现自己因粗心所犯下的错误，培养自我审视与评估的能力。

事实上，像这样地上台"公开"练习的机会并不多，通常都是教师想要诊断学生学习困难时才运用。麦克指出，许多学生都有相同的数学学习障碍，包括数学语言的障碍、计算的障碍、概念形成的障碍，以及策略学习与应用的障碍等，而他认为通过开诚布公地观摩与讨论是促进有效学教的重要途径之一，因为这不仅让学生获得立即性反馈，也能帮助各自理解在学教过程中可以再改进的焦点。此外，相同重要一点也在于：无论台下观者还是台上写者，也都应被鼓励去关怀他人，麦克不断地提醒学生此"公开"练习的目的是

图6 师生再度进行"两位数乘两位数或三位数乘两位数"笔算练习

为帮助每一位同学学好数学,以借此降低学生可能会有的焦虑。

简言之,对麦克的课堂来说,此"公开"练习通常会安排在两班制课堂进行,这是因为此时班级人数相对较少,师生互动可以更为直接且反映。由此可知,两班制和全班共同上课这两种方式交替穿插进行于整个学期中,无论教学还是评量,都扮演有差异性和互补性角色。

■ 联结回到真实世界的总结性评量

若以每个任务为一个学习单位,那么,任务二的总结性评量为何?又如何进行?

> 给任务只是整个教学的一部分,算不上需要进行什么总结性评量……诊断和形成性比较重要……(访麦克)

地图显示从赫尔辛基到阿拉伯的距离是2587千米……

我算的是2192千米……这应是因为地图上不是直线距离。

（访学生S）

虽然强调任务无须特别设计总结性评量，然而麦克也指出，有些学生在计算出结果之后，会自行以谷歌地图的点对点之间距离查询真实，借以了解自己的计算结果和误差情形，对此，他也乐观其成，并认为这确实是不错的总结性评量方式之一。

那么，是否会特别鼓励那些计算较精确、误差较小的学生？对此，麦克也指出，引导学生认识与理解"比例尺"的意涵、功能，以及知道如何计算出实际距离是此课堂主要教学目标，因此，他不会刻意地去指认谁的答案更为精确、谁的答案较不精确、给谁奖励、不给谁奖励。不过，他也指出，自己备有一个"隐藏版"教案，他打算有机会的话，将提供学生"理解比例尺有大小之分，比例尺越大，地图所表示的实际范围越小，所反映的地理事物就越详细"，而此正可联结"精确"一词于大比例尺地图与小比例尺地图之差异反应。

观察外一章：为何没有固定版本数学教科书

尼翰是教授八年级学生的数学老师，教学经验超过十年，温文尔雅，慢条斯理。我从他教七年级开始观察直到他的学生升至八年级，他是我在个案学校中数学科课堂参与观察次数最为频繁的老师。

然而，我对于他在课堂上始终没有使用固定、单一版本的教科书教学一直感到好奇。在本土，使用单一版本教科书一直是数学科教学的常态，但在个案学校里却非如此。

那么，师生如何进行教学？以尼翰师生教学历程为例，他们大多已培养有一默契模式：尼翰先在白板上写下今日的学习任务（通常是一个至两个任务，任务内容则与麦克给学生的任务内容相似）→学生自行运用科技或工具辅助学习→尼翰暂时回到座位，学生开始自主学习→尼翰起身走动观察学生学习情形并给予形成性反馈→学生完成任务后邀请尼翰给予确认或查看→学生利用剩余时间做自己感兴趣的事（或教导同学）→尼翰继续走动观察学生学习情形并给予形成性反馈……

有一次课中，我好奇地请教尼翰："为什么师生没有一本固定的数学教科书？那是否会让教学便利许多？"尼翰听闻后回应："恐怕不需要……他们可通过任何资源或工具去寻找自己需要的讯息。"下课后，我又好奇地问学生："为什么师生没有固定一本教科书？"正当大家不知如何回答我的问题时，一位女学生H蹙眉反问："为什么要有教科书？"她接着说："我们要看什么书可以自己去找，不需要一本教科书……"乍听她的回答哑口无言的同时，好像也明白了些什么……

而后几天，我仍花了一点时间进行焦点观察与访谈，想把整个被师生视为"理所当然"的气氛弄得更明白一些。原来，在个案学校里，以数学教学来说，一至六年级仍有一至两本固定的教科书来辅助学习，但到了七年级之后，在意图培养并促进学生自学能力前提下，师生不再使用单一版本的教科书，改以提供或引荐多样性学习资源以为用，这些学习资源包括：在线课程、学习影片、参观展览、教师自编或调适教材等，这与学习心理学与认知理论也有相当谋合之处。

再以麦克的教学为例。麦克指出，通常在确认教学目标后，他便会去阅读并选择合适的材料加以调适，然后整理成学生"可驾驭"的学习资料后才复印并发给学生一人一份。为何以"可驾驭"作为调适学习材料的原则？他指出，意图在于培养学生的自主学习能力，所以材料必须是学生可以处理的。他也进一步指出，随学生年级越来越高，他也适时地"放手"，鼓励学生主动地去寻找所需的学习资源，此时，作为学习工具的平板、计算机等，往往是学生自主学习时重要辅具选项之一。简言之，由于没有固定一本教科书，数学教学还包括了"学习如何学习"能力的培养。

此外，值得一提的是，由于没有固定一本教科书，数学课堂上，倒非常仰赖通过笔记本来学习。事实上，在个案学校，几乎所有学科教学都运用笔记本（学校免费提供）来帮助学习，学生会将上课重点、任务内容、思考过程、评量结果等，一并写在笔记本上，日积月累下来，笔记本上不仅记录了所学的数学知能，甚至还有以文字表征的反思札记，可说同步完成了个人学习过程档案的编辑。兹以一位学生在学习"几何"单元后的自我反思为例，如下：

> 我认为这是很好的学习方式，至少对我来说是。还有，我们可以独立工作、靠自己来解决问题也很棒，而非将老师的绘图和板书加以复制而已……此外，描绘出图的

特性并为它们做出说明也很有趣！（七年级学生数学笔记本某页）

据此，师生或许更能看到学生学习的轨迹，也提供相关利害关系人反省数学教学历程，甚至大部分教师（不仅数学科）也都将笔记本书写作为评量项目之一，足见师生对于笔记本的重视甚于单一版本教科书之运用。

整体来说，芬兰课堂并非不强调使用参考书或教科书，事实上，在班上仍列有多个版本的数学书籍随时备用，唯可以确定的一点是，师生不过于依赖这些书本，在不胶着于单一学习资源方式和来源下，他们更重视的是培养主动学习的精神，然此也相当倚重于教师专业教学设计能力、多样化学习资源的无偿提供且易于取得等。

科学课堂——3. 鼓励对外界事物产生好奇，并转化为问题的环境研究课

对这些不断浮现而出的"滚雪球问题"，R老师没有给予明确指引，却是让学生直接通过实验来发现答案，放眼望去，学生对实验乐此不疲、一试再试，几乎也都快将纸烧尽了。R见此状，却又再问："若是将色纸换成是装着水的水桶呢？"学生一听，似乎心里有数，于是，又开心地提着水桶去装水，少数人也拿来了温度计，整个院子就看到一群人这么忙进忙出，又是火、又是烟、又是水……

教学任务 | 尊重自然是教学的基本原则

环境研究课程只在一至六年级教授，七至九年级则回到分科教学。环境研究是一门综合性学科，包括：生物学、地理学、物理学、化学，以及健康教育等，自然科学和人文科学的观点都被整合到环境研究中，蕴含可持续发展的观点。

根据芬兰课纲，环境教育主要教学任务仍在"支持学生与环境建立关系，发展他们的世界观并成为一个人""指导学生认识和理解自然和建筑环境、相关现象、他们自己和其他人，以及健康和福祉的重要性"等。基于此，在一至二年级，教学任务是通过解决问题和基于游戏的研究任务，激发学生对周围现象的好奇心和兴趣，学生还需要练习分析和命名；在三至六年级，教学任务是引导学生了解自己的成长和发展，通过解决问题和研究任务来加深他们对周围现象的兴趣，最终也能反省不同知识领域的特征。课纲指出，一至六年级的环境研究教学可组织为单元来进行，让学生去检视周遭世界、自身，以及作为社会一员的行为。

关键内容领域 | 包含生物学、地理学、物理学、化学及健康教育

这里将以一间四年级教室教学为例。根据课纲，环境研究关键内容领域共有六项，包括：作为一个人；在日常生活情境和社区中采取行动；探索多样世界；探索环境、自然的结构；原理及循环；

以及建造永续未来。

芬兰课堂实况观察

实施时间	2018年5月一节
班级/学科	四年级/环境研究
学习单元	光
任务名称	到院子进行"利用凸透镜来燃烧纸张"实验
教学目标	1.指导学生探索，描述和解释日常生活、自然和技术中的物理现象，并建立对能量守恒定律的理解
上课形式	全班一起上课

■ 学校最资深的R老师

R老师教学资历超过三十年，是个案学校最资深教师，同时具备候选校长资格，我在个案做研究时其职位有二，一是副校长，另一则是四年级芬兰语班的导师。由于身任两个要职，每天他几乎是第一位抵达学校者，他时常在楼与楼、栋与栋之间穿梭，每当我见到他时，他总是汗流浃背。

他指出，在行政上，他的职责是做一名称职的校长代理人，在教学上，便是引导学生学习的老师。

■ 课程设计包含"延伸研究"

当R老师在进行某些课程，如环境研究、数学之教学设计时，通常会与四年级英语班导师T一起备课，因此，两班所使用的学习材料是相近的、可互通有无的，教学内容是一致的，但基于学生学习的速度不一，两班教学进度会不太一致，教学评量也会分开处理。

根据两位老师的教学计划，这学期有以"光"为主题的课程，将带领学生进行主题学习与延伸研究。他们打算先复习之前三年级学过主题如"彩虹""光的直进/反射/折射"等，然后才进入新单元"透镜"学习。R老师提到，此以"光"为主题课程未来还能衔接起八年级"光的传播"单元，内容包括光的直进与针孔成像实验操作、光的反射与各种面镜成像现象观察等。

> 三年级学过光的基本性质，通过实验知道光有直进、反射与折射的现象……相信他们还记得。（访R老师）

> 之前有提到彩虹，R有讲到光有色散的现象……（访四年级学生）

R老师提到，通常他们的教学设计都会包含"延伸研究"，设置此的主要目的是为下一次相关的主题课程做出铺设，先引起学习兴趣。然而，这一部分的学习并不在总结性评量里，也不在鼓励学生投入很多时间钻研，主要是让学生知道还有更深更广的课题可以学习，因此，为每一次的主题学习留下可持续探究的线索一直是教师们的共识之一。以此主题课程设计"光"为例，在延伸研究部分，教师将以贴近真实生活经验为主，鼓励学生多举例运用光反射性质所设计出的日常物品如后照镜等,以及因为光的折射所产生的筷子断裂的现象观察等。

■ 有阳光!今天做实验!

一天,R老师匆匆忙忙地经过教室,他见到我便说,因为今天有阳光,他和学生临时决定要到院子进行"利用凸透镜来燃烧纸张"实验,他知道我正观察这门课程,便问我是否一起去。

我与他先一起回到教室,由于当时尚未上课,学生还在院子游戏,R老师显然是要先将工具备妥,包括:色纸、放大镜、水桶、温度计等,我协助他一起准备,听到他一边说着今天天气很适合做此实验,还提到在芬兰的作息常常需要跟着天气的变化转变,最后,他则笑着说,这让他们的教学一向充满弹性。

带妥工具后,我随他一起下楼来到院子,几个孩子见到他手上拿有这么多的工具似乎都很兴奋,少数便直接拿起放大镜把玩。

  R老师:你们不应该直接取走放大镜,我还没有同意。

  (学生W看着旁边已取走放大镜的同学E)

  学生W:喂,你们不可以自己拿走……

  (学生E正拿着放大镜假装对着太阳照)

  学生W:天啊,放大镜聚焦,会使你的眼睛受伤……

  (学生E假装眼睛受伤)

  学生E:喔,我的眼镜起火了……

  R老师:通通放回来,听我说明后再开始行动……

（学生E放回放大镜）

（院子观察）

事实上，在进行实验之前，大多数学生都已掌握相关原理，即"利用凸透镜的聚光特性，也就是光线的折射原理，改变了光线的方向，使得整个照射在镜片的光线集中于一点，便产生了高温进而使纸燃烧"。不过，对于实验，他们都感到相当期待。

■ 实验中的"滚雪球问题"

前几堂课，由于R已介绍过凸透镜基本性质，学生知道通过凸透镜可以放大并利用它的特性将"太阳光"聚光聚热，然而，即便如此，当他们亲见纸张在手上燃起的那一刻，依然相当兴奋，而在院子里呼叫起来。

不过，很快地，学生也开始有进一步的好奇，例如：哪一种颜色的纸张最快燃烧？放大镜与纸张之间距离与纸张开始燃烧时间的关系如何？

> 我发现纸张的颜色越深，纸张开始燃烧所需要的时间越短。（访学生Y）

> 放大镜放离纸15厘米的效果比8厘米好，纸张很快就烧起来了。（访学生W）

对这些不断浮现而出的"滚雪球问题"，R老师没有给予明确指引，而是让学生直接通过实验来发现答案，放眼望去，学生对实验乐此不疲、一试再试，几乎也都快将纸烧尽了（如图1）。R见此状，却又再问:"若是将色纸换成是装着水的水桶呢?"学生一听,似乎心里有数,于是,又开心地提着水桶去装水,少数人也拿来了温度计,整个院子就看到一群人这么忙进忙出,又是火、又是烟、又是水。

■ 回到教室讨论并一起写笔记

当学生实验告一段落,约仅剩半节课时间时,R老师让学生回到教室进行分组讨论并记录发现。

图1 学生进行"利用凸透镜来燃烧纸张"实验

学生回到教室后先自行调整好位置、相互靠近,接着取出笔记本,一边书写一边讨论(如图2)。有些学生因一起做实验,很快便有共识,只需要记录下来,有些不同组别则会进一步地比对彼此的资料。例如,红色纸和橙色纸哪一张开始燃烧所需要时间较短?时间是多少?当放大镜与纸张之间距离越远时,纸张开始燃烧所需的时间便越短?

在同一时间,R老师也将自己的研究结果写在白板上(如图3),他先写下了几个数据。此外,这学期,因班上转来的两位印度学生不谙芬兰语,他便同时以芬兰语和英语来表达。

第三章 芬兰课堂观察：正式课程篇

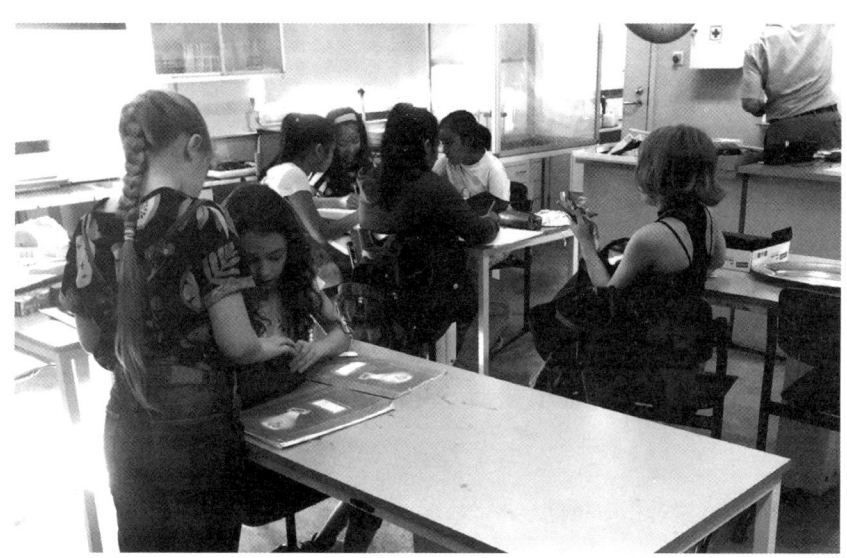

图2　学生回到课堂后一边讨论一边写下实验结果

图3　R在白板上写下自己的研究数据

■ 实验时的数据的完整性｜"重要数据"的记录

R完成笔记之后，也开始环视学生做笔记情形，他发现，学生的书写内容如凸透镜具聚光特性、颜色越深纸张吸热越快等，多有掌握住学习重点，更多是与他一样同时以图文呈现实验的历程（如图4）。

值得一提的是，R也特别向学生提到自己笔记内容与学生较不同之处。他指出，进行实验时应注意对"重要数据"的记录，实因证据能用来进行一些假设验证。他以白板上所写"23℃→45℃""19℃→28℃"为例（如图3），指出这让他有证据可以说明利用光线的折射原理使得整个照射在镜片的光线集中于一点而能使水温升高。

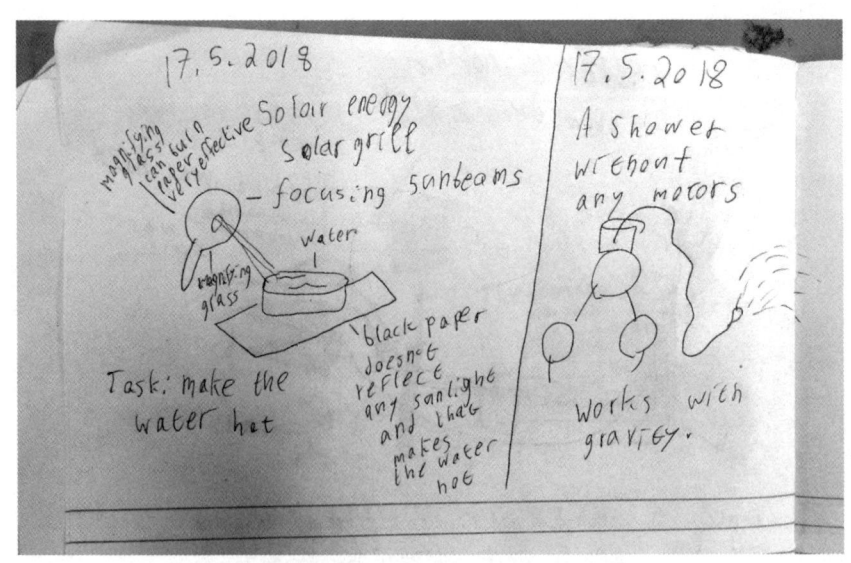

图4　刚转学来的印度学生的笔记内容

科学课堂——4. 包含以田野的方法来检视学习内容的生物课

生物老师建议学生在回答问题时也能联结回到本土的环境生态探索，因此，当学生在探究第二和第三个问题时，多以芬兰本土具有多样化生态环境为例。学生指出，芬兰境内有海洋、森林、高山、湖泊等，一座森林即一个生态系统，一个水域也是一个生态系统，若再加上夏季高温达三十摄氏度以上，冬季气温又低至零下四十摄氏度左右，还有极光、永昼、永夜等特殊景象……

教学任务 | 通过基于探究的学习来理解生物学

根据芬兰课纲,生物学于七年级至九年级教授,其主要教学任务是在"帮助学生了解生命及其发展""提高学生对自然的认识和知识",以及"指导学生了解生态系统的运作、人的功能、遗传和进化的原理"等。基于此,生物学的教学任务是在帮助学生了解如何在自己的生活中、道德反思中,以及在关注与生物学有关的最新消息时应用和利用生物学的知识和技能,也包括它如何影响社会决策。

关键内容领域 | 生物知能、生物学习方法、环境意识

这里将以一间八年级教室的教学为例。根据课纲,生物学关键内容领域共有六项,包括:生物学研究、自然和周围环境的田野考察、生态系统的基本结构和功能、什么是生命、人类,以及迈向永续未来。

芬兰课堂实况观察

实施时间	2018年8月至9月 每周一节
班级/学科	八年级/生物课
学习单元	生物与环境 | 生态系统

任务名称	1.掌握生态系统的概念及其组成成分 2.掌握食物链的概念及其特点 3.到墓园探查生态环境
教学目标	1.指导学生了解生态系统的基本结构和功能，以及学习比较不同的生态系统和识别物种；2.指导学生汇编生物和种植植物，以了解生物现象；3.指导学生在校内外进行研究；4.激发学生加深对自然及其现象的兴趣，并加强他或她与自然的关系以及他或她的环境意识
上课形式	两班制

■ 生物老师也是地理老师

生物老师B为女性，教学资历十五年以上，同时也是地理老师。在芬兰，地理被包含在科学学科中，主要因为该科源于自然地理学。相较于其他老师，B老师沉默少言，但一到专科课堂上课时，却又相当热情，有学生指出，生物老师"有点严肃又不会太严肃"。

然而，在每次的教师共备时间，B老师却是最常发言关于班级事务的教师之一，她重视师生与行政管理人员之间的沟通畅通，她是一位真性情教师，喜怒哀乐常坦然表现。

在个案学校，七至九年级的生物科和地理科大多由B老师教授，每周各一节，地理科目是全班一起上课，至于生物科目则是两班制上课。

■ "生态系统"入门三问

关于"生态系统"学习,根据B老师的教学计划,她拟引导学生通过对生产者、消费者、分解者之间关系的理解与分析,了解生态系统的概念和其生态保持平衡的重要意义。

关于"生态系统"学习的开端,B老师先在黑板上列出三个问题,包括:

1. 定义生态系统。

2. 谁是a)生产者,b)消费者,c)分解者,它们彼此之间关系如何?

3. 看看周遭,你有注意到或看到什么生态系统吗?

她让学生取出笔记本并写下问题,同一时间,B老师也问是否有人愿意先提出看法,少数几位学生举手,老师便请其中一位发表意见。

B老师:什么是生态系统?

学生U:有关水生、叶子、生物……

B老师:芬兰有什么特殊的生态系统?

学生Y:北极针叶林、湖泊、无数岛屿……

B老师:政府最近提到蓝色经济,你们知道这是什么吗?

(大家摇头)

(课堂观察)

什么是"蓝色经济"[①]？对此，生物老师并未多做解释，仅提示这是一与水资源相关的经济发展和环境保护议题，也是芬兰政府讨论的焦点，鼓励学生可进一步了解。紧接着，B老师让学生探究上述问题，因此，学生又取出电脑或手机、输入关键字，开始进行相关资料的搜寻。

■ 基于探究的学习协助获取"生态系统"特性

根据课纲，学习生物强调通过基于探究取向的教学，以田野或实验室工作的方法来检视自然，重视体验与实验式学习的乐趣，同时，也鼓励应用通信科学技术于教学中。就此，B老师转化课纲内容，将单元"生态系统"学习分为两大部分，一是先让学生通过资料收集探索生态系统相关定义和内涵等，另一则是师生实地考察自然和周围环境。

在第一部分，学生必须先认识什么是生态系统、有哪些重要概念，学生以计算机或手机等为工具进行资料收集，并与同学相互讨论所找到信息等。对此学习过程的表现，老师建议笔记书写、剪贴资料或手绘图案为佳，借以加深印象。

以"定义生态系统"为例，根据观察，学生的作答情形有简答也有详答，兹举两位学生的应答情形如下：

（定义生态系统）

[①] 芬兰在2016年制订"蓝色经济的国家级发展计划"，愿景是要确保芬兰到2025年时，可以蓝色生物经济为其优势强项，并取得工业发展和水域环境保护两者间的最佳平衡。

包含生物与非生物的世界，以及它们彼此间的交互作用。（学生Y笔记本）

生态系统是一个包含一个特定区域中所有活生物体（生物因子）及其物理环境（非生物因子）和其交互作用的系统。它由植物、矿物质、水源，以及当地大气相互影响而组成……（学生G笔记本）

两位学生指出，当他们在探索"定义生态系统"时，会先检索一些对于"生态系统"的见解，并在这些不完全相同版本中找到相同的关键字或相同概念，例如，他们均指出"生物/非生物"和"相互作用"是"定义生态系统"的几个关键字，这时，只要再理解定义背后的意义就可以"定义生态系统"。

■ 从入门问题至"还想要认识叶子、树、菇类"

由于B老师建议学生在回答问题时要注意联结回到本土的环境生态探索，因此，当学生在探究第二和第三个问题时，多以芬兰本土具有多样化生态环境为例（尤其是第三题）。学生指出，芬兰境内有海洋、森林、高山、湖泊等，一座森林即一个生态系统，一个水域也是一个生态系统，若再加上夏季高温达三十摄氏度以上，冬季气温又低至零下四十摄氏度左右，还有极光、永昼、永夜等特殊景象……

学生T：你认识多少种叶子？

学生K：桦树枝①是一定要知道……

学生T：喔，那是一定的……

（T举手向老师提问）

学生T：我们可以认识一些不同叶子吗？

B师：当然……你们可以自己找资料……

学生T：我查到很多图片，可以印出来吗？

B师：好啊，给我档案……也许也可以印给大家……

（T点头）

（课堂观察）

当学生在进行这些主题探究时，大多是通过自学和相互讨论方式来学习，他们交替使用电脑、手机、平板、参考书籍等，较特别的是，他们也被鼓励通过剪贴图文或亲手绘制图案方式来促进学习理解。例如，当T提出意图进一步认识树叶，师生便一起复印了参考书上一系列树叶图片，并将资源分享给大家，之后，其他同学也陆续提到了树、菇类等。

图1　通过剪贴叶子图案来认识叶子

---

① 传统芬兰桑拿浴中，带有树叶的桦树枝条通常会被捆成捆拿来拍打身体以使肌肉放松、促进体内新陈代谢。

当大家一起认识这些图片的同时，也亲手剪贴这些图片并将其粘贴于笔记本上（如图1）。B老师提到，此不仅可帮助图文同时联结、真实学习，也为后续的第二部分学习起到了奠基作用。

■ 引导学生汇编一系列包括自己感兴趣的主题学习

根据B老师的规划，这学期她打算安排至少两次"实地考察自然和周围环境"，第一次在开学时，第二次则在学期末。在她所规划以探究为本教学中，除了通过简报、影片、文献等方式引导学生进行较具深度学习，学生还必须进行田野参访以了解所学内容，而此正也是课纲所强调。

较特别的是，在学期初，B老师虽决定有该学期授课大纲，但事实上，B老师一直关注学生的学习进度和理解情形，然后从中调整自己的教学进度，甚至更新主题学习内容。直到学期末，师生所探究的主题有：

不同的树和灌木

树木

菇

植物的构造

花的构造

植物细胞

在这些学习主题中，有些来自B老师对学生学习"生态系统"观察后所提出。由于她发现多数学生对某些主题感到兴趣，在权衡之后，便将其直接增添在学期计划上，例如：不同的树和灌木、树木、菇等。事实上，这些内容也涉及其他生物单元如地球上的生物、生殖等，对此，B师认为在遵循课纲下，学习内容的次序排列仍富有弹性。

此外，B老师也提到，在学习生物时，学生要有整理所收集资料并将其汇编成篇的能力，因此，她也教导学生如何整理与分析资料。例如，图文并茂的笔记能促进学习理解，便是她常对学生强调的要项（如图2）。

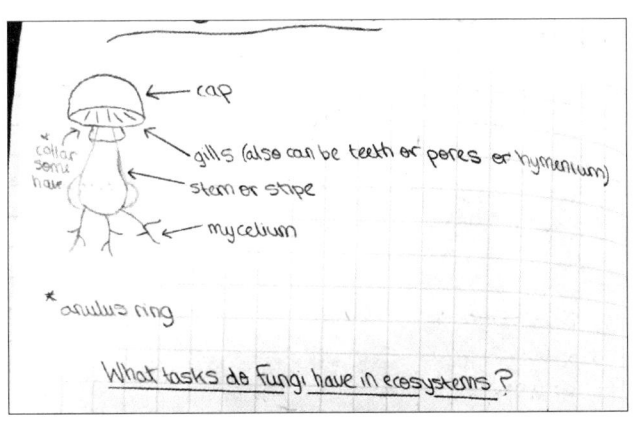

图2　学生G的生物笔记

■ 以田野的方法来检视"生态系统"学习

对于师生来说，生物学习本包含以田野的方法来检视学习内容，换言之，森林、公园、墓园、湖泊、国家公园等均提供丰富学习资源，师生通过亲访可检视所学，也能理解各种生物在生态系统中的多样性和重要性。

　　这天，B老师安排户外生态访查的地点为距离学校不远的墓园，走路约十分钟便能抵达（如图3）。对个案学校多数学生来说，他们多住在附近，墓园已是社区的一部分，学生对它显然也相当熟悉。

图3　师生到墓园实地探查生态环境

　　这里春夏天也很美，有很多种花，像……（访学生S）

　　一只小鸟从我头上飞过，降落在松树的树干上，紧紧抓住要吃的东西，这就是我们学的食物链。（访学生S）

为何这次的访查地点选择在墓园？B老师指出，由于即将进入冬季，此时，正是认识墓园生态的好时机，因为在墓地中，当雪开始融化并进行大量清洁和复原工作后，护理季节正要开始时，那时候的墓园又将是另一种生态样貌了。因此，根据她的规划，让学生在四季、雪前雪后各参访至少一次，届时还能进行生态环境的比较分析。

事实上，学生在B老师所教导的地理课也常外出进行实地探查，B老师在解说地理知识时会带入一些生物学知识，在谈论生物现象时也会融入地理知识，这让学生时常有机会可以整合此两科知识，具跨领域学习的效果。

观察外一章：一定要做此实验吗

下课时间一到，我协助R一起收拾课堂时，便请问他："那么，一定要做此实验吗？"

实验和科学之间关系密不可分，有些实验艰难又耗时，却使人茅塞顿开，有些实验过于简单基础，使人觉得索然无味。然而，到底什么样的实验值得进行？哪些实验其实无须大费周章、亲身经历？我很好奇R有何规准或看法。

R听闻之后，先是思考了一下，便接着说，若有机会做实验，他一定让学生做实验，不过，他也指出，若学生仅是跟随他所设计的流程一步一个脚印去"做实验"，那就失去了"做实验"的精神，因为学生并没有提出自己关心的问题，缺乏质疑和探究的精神，只是反复重复着标准程序而已。

　　R还特别使用了我与他交流时所提到的"滚雪球问题"这个用词，他说，若学生在实验过程中能提出自己感兴趣的问题来，并设法找到答案，那么，这个"做实验"的时间和精力就一定不会白费。

　　此外，R也指出，通过"做实验"确实较有机会达到对知识的深层理解。他以前文提到的那位刚转来的印度学生笔记为例，指出该生通过图文呈现他在此实验中所学到的知识，尤其从图画中悉知，他在实验过程中似乎还曾尝试将黑纸放在瓶水下方以提高水温的试验，这些诚实、完整而直白的实验历程，也为学生的学习促进较整体理解。

　　据此，如何让学生能持续朝向这个方向呢？R老师笑着说，不让他们做实验怎么会知道他们会如何呢？所以，"能做实验的时候，就让学生做实验吧！"他肯定地说。

艺术课堂——5. 强调从做中学的视觉艺术课堂

在视觉艺术课，对于此跨领域课程方案，有更多时候，学生几乎因此做中学和自学方式下完成阶段性学习，包括：利用不同的视觉制作方法进行实验和练习、了解不同应用软件的优缺点、进行配乐处理（剪辑音轨、配乐剪接）等，鲜少由视觉艺术教师一步一步地引导操作、依样画瓢。此外，由于视觉艺术教师的教学保持了弹性、重视个性，以及鼓励学生回头思考个人挟带进入课堂的文化背景或过去学习经验等，这让他们最后拍摄出来的影片内容多元且多样，学习层次之丰也令他们自己本身惊艳！

教学任务｜了解艺术来自不同文化观点

根据芬兰课纲，视觉艺术课主要教学任务是在"引导学生通过艺术的手法去探寻与表达多样面向下的文化现实""提高学生理解视觉艺术的现象、环境，以及其他形式视觉文化的能力"等。基于此，在一年级至二年级，视觉艺术教学主要引导学生运用心智图像、视觉艺术概念，以及视觉创作的方法，通过在"做"中学和游戏方式持续学习艺术；在三年级至六年级，视觉艺术教学主要引导学生扩大个人与视觉艺术和其他形式视觉文化的关系，鼓励用不同的视觉制作方法进行实验与练习，并以目标导向的方式发展视觉技巧；在七年级至九年级，视觉艺术教学主要引导学生加深个人与视觉艺术和其他形式视觉文化的关系，也为行动设定具目的性目标，同时增强视觉制作技能，并鼓励学生在各种视觉环境中积极参与。

关键内容领域｜涵盖对自我、周围环境，以及全世界视觉文化的审视

这里将以一间七年级教室的"微电影《友谊》拍摄"教学为例。根据课纲，七年级至九年级视觉艺术课关键内容领域共有三项，包括：学生自我的视觉文化、环境视觉文化，以及视觉艺术世界。

芬兰课堂实况观察

实施时间	2018年1月至4月 每周两节（连续）
班级/学科	七年级/视觉艺术课
学习单元	视频与电影
任务名称	拍摄短片/纪录片/动画
教学目标	1.激发学生在不同的环境中使用不同的工具和知识产生方式以视觉方式表达自己的观察和思想；2.指导学生采用探索性方法进行独立和协作的视觉作品
上课形式	全班一起上课

■ 年度跨领域课程：微电影《友谊》拍摄

每年春夏交际，芬兰的国际电影节登场，此时，针对八至十九岁学生公开征选拍摄微电影计划也同步展开。此比赛主要目的在于鼓励学生发挥所学与创意，做一个"创意拍摄者"，许多学校会将其作为正式课程的一部分，在课堂上引导学生拍摄影片、带领学生一同参与，此赛事在芬兰境内常形成风潮，堪称是年轻学子一展长才的好时机。

视觉艺术老师指出，每一学年度，学校会将此计划进行调适后做为正式课程之一，对师生来说，"微电影拍摄"被视为是一跨领域课程与教学，所涉学科主要包括：视觉艺术、音乐、芬兰语、英语四科（今年特别加入英文科）。在开学前，四位学科教师已先针对此计划进行共同备课，他们先检讨过去一年此计划在校内运作情形，然后再调适是否有可增加或删除之处，在开学后便直接实施。

我在实地参观的这一年,微电影拍摄的主题定为《友谊》,对学生来说,此主题相当贴近真实生活,根据生活经验或许多文本故事阅读中,都易于想象发挥,由于对主题感到亲切、有趣,学生也都跃跃欲试。

此多学科取向的课程统筹,四位学科教师所担负的主要任务各不相同:对视觉艺术科教学来说,主要任务在于协助学生学习使用摄影软件、安排角色服装、熟悉拍摄技术等;对音乐学科教学来说,其主要任务在于协助学生为影片创作配乐;对语文科教学来说,其任务主要在于协助学生咬字发音、语言句法结构完整等。

此跨领域课程在校内的学习时程自1月至4月,校外主办单位于4月底停止收件,届时,学科教师将各自针对学生学习表现进行评量,而主办单位会在5月进行评审与颁奖。关于此赛事之整体规划时程,兹整理如图(1)。

■ 赫尔辛基是一座艺术城

在芬兰,视觉艺术广泛地受到重视,这可由赫尔辛基林立有多间博物馆、美术馆、科学馆、艺术中心足见一斑。然而,即便如此,芬兰的视觉艺术创意仍源源不绝,2018年,阿莫斯·雷克斯艺术博物馆正式开张,其奇特建筑外观、诸多人文创新元素也吸引了市民和世界讨论,更被BCC选为2018欧洲最具创新性的新建筑空间之一。

根据芬兰教育与文化部,视觉艺术包括:绘画、雕刻、图形、摄影、媒体和卡通艺术、艺术和手工艺、表演和地区为本艺术。在

- 为何做（WHY）——通过跨领域教学达到七大横向能力目标
- 谁策划（WHO）——师生共同策划，主要学科学习范畴在视觉艺术、音乐、芬兰语、英语四学科
- 如何做（HOW）、做什么（WHAT）——直接参与国际电影节举办的电影拍摄比赛
- 何时做（WHEN）——从2018年1月到4月底

◆ 国际电影节影片拍摄参赛规格
  • 参赛对象8-19岁学生为主
  • 片长约3分钟
◆ 学校内部追加的比赛规则
  • 一般基本规则：英语发音搭配芬兰语字幕/芬兰语发音则搭配英语字幕、自制配乐
  • 主要学科学习内容
    - 视觉艺术科：影片软件、角色服装、摄影技术
    - 音乐课：创作曲子（后来延伸至认识指挥财产权）
    - 英语科：句子时态、文法、一般对话
    - 芬兰语与文学科：句子时态、文法、一般对话

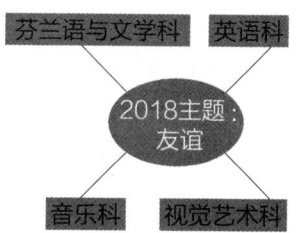

图1　多学科取向统整理课程：微电影"友谊"拍摄之时程与比赛规则

芬兰，凡十八岁以下学生进出博物馆皆无须付费，学校师生更时常至博物馆和美术馆参访，通过参观展览、探索艺术，以及实作体验等多元方式，来学习视觉艺术，芬兰人重视视觉艺术并以行动直接参与，其精神也完整地缩影于学校课堂教学中。

■ 受学生欢迎且重视的视觉艺术课

以个案学校来说，学生自小便受到鼓励亲近艺术，通过体验、鉴赏、模拟，以及手作等方式，来认识与了解艺术，甚至大胆创造艺术。学生期待视觉艺术课堂的情意，就像热衷于探索博物馆一般，若说视觉艺术作为学生生活中的精神粮食，那么，视觉艺术课堂便是他们的精神堡垒，视觉艺术老师就好比精神导师。

视觉艺术老师是一位教学资历超过二十年的女性教师，性格开朗、热情朝气，同时也善于与他人沟通。在教学上，她常鼓励学生发挥想象力、勇于创新创作，同时不忘提醒在创作中怡情养性、享受历程，她常对学生说的话便是"享受它！"令人印象深刻。

即使擅于传统艺术，但视觉艺术老师本身却偏爱结合科技再创传统艺术，因此，她的作品常带有一点传统与现代之间巧妙融合的未来感，很能引起学生目光与讨论。她常告诉学生，创作时不忘自己的所欲与个人特色，却也不必自我设限，她的谈话与教育哲学通过艺术品的创作同步彰显于外，其以身作则的行动也相当引起学生好感。

她常对学生说："喔，宝贝，做得很好！但你可以更有创意去做你自己的东西……""喔，你的（作品）色彩真丰富，这是你的特色……"，由于亲和力十足，加上她相当重视学生来自不同文化背景，这让学生对她教学中蕴含有对人性关怀的基调常有感受。因此，不惊讶地，当七年级生为八年级课程进行选修时，视觉艺术课如预期般地"爆班"，这也使得视觉艺术老师不得不开设两个班次才暂时解决了这个问题。

■ 两个主要探究问题

关于此跨课程"微电影《友谊》拍摄"的起步，师生是从视觉艺术课开始。课堂上，视觉艺术教师先发给学生老师自行编写的学习索引（共四页），这些索引主要是根据她过去指导学生学习后重新设计，主要让学生能抓住学习任务的要点、达到学习目标。在学习索引首页，她清楚标示了单元与任务内容，并提出两个探究问题：

1. 如何在电影中呈现出一个具有视觉效果的故事？
2. 如何以团队形式计划和制作短片？

学生在自行分组后，学习旅程正式展开。根据过去学习经验，学生多从做计划开始，至于他们所思考的范畴和内容，也就是拍摄影片应注意的几个要点，则多依赖老师于学习索引上所列的几个项目，包括：

  片名：

  制片公司：

  制片团队成员：

  编剧（发想于/发展于）：

  分镜脚本：

  导演：

  演员：

  灯光照明：

  声音效果：

  剪辑：

场景设计：

服装设计：

化妆：

音乐：

特殊效果：

酒席提供或其他：

事实上，对于班上多数学生来说，"拍电影"是"有点难又不会太难"的任务，原因是在过去低年级时，他们也都有过相似的学习任务，只是当时多由老师一步步地引导，现在则是由自己全权负责规划与执行。

（关于第一个探究问题）

我们这组将先找一部影片，然后静音观看，看看演员们演什么或许会有灵感跑出来。（学生E）

（关于第二个探究问题）

我们先分成两人一组，上网看几个影片，了解一下电影拍片的专有名词。找找看是否有一些受欢迎的拍摄软件……（访学生G）

在此班级中，基于个人兴趣因素，少数学生其实已有很好的摄影技术或影像后制技巧，这让他们在进行此任务时显然较得心应手，也受同组组员模仿学习。例如，学生H一直很喜欢视觉艺术领域，尤其是在结合科技上，她指出，自己从小就喜欢通过自学来编辑影片或图像，对于基本剪辑、上字幕，以及简易转场等都甚有心得。因此，当其他同学在了解一些专业术语和意涵时，她已与视觉艺术老师讨论与分析几款当前受到普遍欢迎的编辑影片应用软件优缺点，也一边摸索（如图2）。

图2　学生H免费试用影片编辑软件

■ **有欠缺，"我们一起学"**

微电影《友谊》拍摄方案是由多位学科教师合作的跨领域课程

设计,但显然地,此计划以拍摄一部影片为主,学习应用软件、选择合适服装,以及熟悉摄影技巧等,均是此课程方案的学习要项,而此部分学习内容又正好由视觉艺术老师担任主要引导,因此,在课堂上,常见视觉艺术老师忙前忙后。

(老师察看学生影片)

视觉艺术老师:你们想加一点趣味吗?要不要试试一些特殊功能?像"来回播放"或"慢动作"?

学生S:我们有学,但没用上。

视觉艺术老师:或许可以试试看它的效果,看看是否符合期待?

学生D:好!

(课堂观察)

(隔一周,老师再度察看学生影片)

学生S:这个画面"循环播放"的效果比"来回播放"好,我们决定采用前者。

视觉艺术老师:画面变得有趣多了,但每个画面之间的音乐似乎没有衔接?

学生A:还没,因为我们还要调整一个画面。

(课堂观察)

视觉艺术老师指出,此年度盛事微电影《友谊》拍摄之课程筹划看似以视觉艺术课为中心,但她并不标榜自己为此跨领域课程的领航者，她认为，所有学科老师都可以是学生的指导者，但在应用软件教导上，她则担当主责，"这是我该做的事，当然，我也教学生做他自己该做的事"。

事实上，在视觉艺术课堂，学生处理拍摄影片的各类事情，包括编写故事脚本、决定演员、摄影、道具、灯光、录音、场景选择或布置、剪辑、配音、特效、合成等，因此，相较其他学科教学，学生会向视觉艺术老师提出更多元多样的问题，而视觉艺术老师也从不吝于展现所知，有时，她也会在音乐或编剧上给予建议，她和学生的互动频繁，学生似乎也较依赖她的评估与反馈。

然而，关于应用软件的选择，有些学生显然未与师长过多讨论便自行决定，但当他们在处理界面或功能上操作遭遇困难时，除了尝试回过头来理解问题外，也会寻求视觉艺术老师的协助。此时，若老师对此软件不够熟悉、一时之间无法立即回应时，她也会非常坦诚地说："这个我还不会，你可能要再思考一下，或给我一点时间。"这似乎也传递了一重要讯息：科技日新月异，师生都在不断地学习。

■ "选择西班牙语？"

如前所提，视觉艺术老师重视学生来自不同的家庭文化背景，对于艺术形式和内容的理解与偏好可能会有不同视角与观点，因此，对于学生们的创作和想法，她一直鼓励大家保持开放心胸，而她本身也是一个身体力行者。

例如，当师生进行教学时，教学经验相当丰富的她，对所选择的教学内容或方法会稍加留意，她注意内容面向的广度，也混搭不同教学方式，这是为避免所提供的学习素材或内容过于狭隘或视野单一。她认为，多元开放的资源提供，才有机会让学生对创作和探索保有新奇感与好奇心。

比较特别的是，"打破游戏规则"也是她的教学信念之一。换句话说，她虽然为课程方案设立了边界，但也默许学生能有建设性的破坏，这让师生的教学都充满了各种可能性，而此正是她的教学理念，也让课堂教学处处充满惊喜与火花。

例如，班上一位原本选择独立拍片的学生G对于编写脚本一事一直感到兴致缺乏，这让她的学习进程开始有些落后。视觉艺术老师发现后，便尝试与她沟通如何调适此方案内容可以更符合她的学习兴趣与需求。这天，老师突然想起她自幼时起便随家人在多个国家生活学习、热爱西班牙语（她在校也选修西班牙语），因此，师生有了以下对话：

视觉艺术老师：有关剧本语言，你是否想选择西班牙语？

学生：可以用西班牙语？

视觉艺术老师：当然，你可以选择你想要的语言。

学生：我会考虑，也许西班牙语也许英语。

视觉艺术老师：宝贝，享受你的方案。

（课堂观察）

> 我喜欢西班牙语，因为有很多美好回忆，不过，我也喜欢英语，我之前在新加坡读过书，那也是很棒的生活。我决定要跟安娜她们一组了，我想还是以英语呈现。（访学生G）

事实上，这位学生G选择"独立"拍片本不在课程方案期待中，但教师对她屡次"打破游戏规则"仍乐观其成，教师指出，学生先有学习动机对其本身来说是能持续学习的关键，尤其她能理会并非每一位学生都能在框架里学习，更何况"她已在学习路上，仅是中途休息而已"（访视觉艺术老师）。

整体来说，在视觉艺术课，学生是在一种较为开放、受到鼓励的氛围下进行学习，而对此跨领域课程方案，有更多时候，学生几乎是在"做"中学和自学方式下完成阶段性学习，包括利用不同的视觉制作方法进行实验和练习、了解不同应用软件优缺点、进行配乐处理（剪辑音轨、配乐剪接）等，很少由视觉艺术教师一步骤、一步骤地引导操作、依样画葫芦。

此外，由于视觉艺术老师的教学保持了弹性、重视个殊性，以及鼓励学生回头思考个人挟带进入课堂的文化背景或过去学习经验等，这让他们最后拍摄出来的影片内容多元且多样，学习层次之丰也令他们自己本身惊艳。

艺术课堂——6. 一人一乐器，重视体验的音乐教学

一天午后，学生T和其伙伴向音乐老师提议，由于自己这组可能将花费更多心思于摄影软件的钻研上，但此显然会压缩音乐创作时间，因此，他们建议能否直接从网络下载音乐而不创作乐曲？音乐老师听闻后，先是思考了一下，接着便说："你们确定吗？你们必须考虑清楚。"学生T回应："我们可能需要多花点时间研究摄影软件。"音乐老师接着又说："若你们决定放弃创作乐曲，我不会完全否定，但下载他人的作品确实有法律问题。答应我，你们必须花一点时间去了解那些问题，然后再做决定。"她语重心长地说。

教学任务｜为保有音乐兴趣奠定基础

根据芬兰课纲，音乐课主要教学任务是在"为各种音乐活动和文化参与创造机会""理解音乐在不同文化以及个人和社区活动中的多重含义""引导对音乐和文化多样性的欣赏与充满好奇"等。基于此，在一年级至二年级，音乐教学主要引导学生能够认识并体验每位同学作为一名音乐学习者的独一无二之处，以及音乐活动如何带来最多的欢乐和营造亲密感；在三年级至六年级，音乐教学主要引导学生开放心胸与人交流，创造团结感，同时也能剖析关于音乐的经验、现象，以及音乐文化等；在七年级至九年级，音乐教学主要为学生提供扩展其音乐素养和世界观的机会，引导学生去诠释音乐的含义，并建构与音乐有关的情感与体验等。

关键内容领域｜从音乐文化到各种流派

这里将延续同一间七年级教室的"微电影《友谊》拍摄"教学为例。根据课纲，七年级至九年级音乐课关键内容领域共有四项，包括共同制乐、音乐组成、学生生活、社区及社会中的音乐以及曲目。

芬兰课堂实况观察

实施时间	2018年1-3月　每周两节（连续）
班级/学科	七年级/音乐课

任务名称	微电影创作配乐、认识智慧财产权
教学目标	1.指导学生录制音乐并在创作音乐时以及作为多学科项目的一部分时以创造性的表达方式使用信息和通信技术； 2.指导学生照顾自己的听力以及音乐和声音环境的安全
上课形式	全班一起上课

■ 经历生命转折的音乐老师

个案学校音乐老师是一位教学经验超过二十年的女老师，她常面带微笑、保持精神、喜欢与学生互动，同时也相当健谈。在个案学校研究这一年，她时常关心我的研究进度、主动提供相关信息，后来较为熟识之后，她更诚挚地与我分享她的生命故事。

身为个案学校七至九年级唯一一位音乐教师，不仅每位学生都认识她，每逢学校举办活动或典礼如毕业典礼、典礼、圣诞舞会等，她也总是作为全校师生歌唱或舞蹈配乐的最佳伴奏员。对于教学，相较于其他学科老师，她的特色便是"为了让学习有更好质量"，她相当重视每一位学生和每一种乐器的最佳状态，这从她每一次上课后会先要求学生静心、叮咛乐器使用规则，以及鼓励大家手拿乐器享受其中便能知其一二。

音乐老师提及，她重视有人文的音乐，有生命的故事，她曾有死里逃生的经历，但是她很确信的一点是，她一直非常热爱教学，教学似乎也是一种行善，她不忘记要去照顾可以照顾的人，而教育这份工作正能满足这样的期待。

■ 她也是一名企业家

音乐老师对音乐的热情与对音乐教学的坚持,让学生不仅敬重她的专业,也能在她所试图营造的学习情境中朝向真实学习。在一次闲聊时,她向我提到了她与她的先生合作成立一家企业公司,而她是负责人之一。乍一听,我感到有些惊讶地回应她:"芬兰教师可以兼职吗?"她听我这么说,一脸狐疑地说:"当然,老师也可以有自己的事业!"后来,当她知道我们的教师不能在外兼职时,似乎也有所理解地补充说:

> 只要老师们上完课,下班后就是自己的时间了,课余才忙自己的事业,应该没有问题。我们很多老师都有自己的事业。(访音乐老师)

我定心思考:音乐老师的能力与实力兼备,充满活力且富有自信,若她专职作为一名企业家的表现一定不会亚于作为一名专职教师,然而,她最终选择了"教师"作为终身志业。但她也提到,这是因为她喜爱助人与接近人群而选择的职业,因此,若她有能力同时扮演好两种身份,是否能够获得成全,甚至受到肯定?

此外,音乐老师也提到,有些老师会视学生学习需求而提供所经营事业的相关产品或服务以促进学习,但她也特别让我知道的是,由于芬兰教育完全免费于学童,故引入的所有资源都必须基于无偿性质,绝不能向学生收取任何费用。

就此,若教师或其家族发展的事业也能协助课堂教学,这是否也是另类"教学资源"的来源或补充?关于此议题,确实值得探究与省思。不过，让我感受至深的倒不是教师是否可以兼职，而是本土是否有机会针对一些已较不符合时宜的、过于僵化的、缺乏弹性的相关规定再作调整与修正？

■ 附加课——微电影《友谊》拍摄

回到微电影《友谊》拍摄之音乐科课堂教学观察。

根据四位学科教师规划，微电影《友谊》课程方案的实施是从1月至4月底。不过，四位教师在实施时程的安排上仍具有差异，例如：音乐老师规划实施时程是从1月到3月，她认为目的不在于督促学生"完成"方案，而在于"引导"和"给予反馈"。

对音乐课来说，这个课程方案是附加的，我们有其他课程要上：像4月开始，这个班要合作演奏一首曲子"Clock"，要在典礼时表演。（访音乐老师）

我们之后有其他学习，若做不完，我们会在视觉艺术课做。（访学生A）

当然，他们还是可以问有关影片的事，音乐课就是学习这些事，他们其实一直都在学音乐。（访音乐老师）

此外，基于鼓励创作并尊重智慧财产权，视觉艺术老师和音乐老师都勉励学生自创背景音乐来替代网络直接下载，对此，两位老师也都向学生提到，根据过去学长、学姐的经验，凡是未获得授权而直接下载他人音乐者均不符合参赛资格，这一点也提醒学生应多加注意。

然而，七年级学生是否有能力自创曲作？在个案学校音乐教室，其宽敞的空间、尽可能充足的各种乐器类别下（如图1、图2），让这些从一年级开始便长期在这样环境下学习的学生，程度上均有"一人至少会一种乐器"的潜能或专长/兴趣。

根据观察，在个案学校，学生可以亲近各种乐器、碰触乐器，以至于有机会体验到自己敲（打/弹）出的各种声音、感受到质地轻重，深刻体会到"自己正在创造/作音乐的历程"。学生B便指出，她自小就喜欢弹钢琴，"虽不够熟练但很喜欢钢琴发出的声音"（访学生B），因此，当在老师让学生自由练习时，学生B总喜爱与另一位也爱弹琴的伙伴一起到隔壁的小间琴房去弹奏曲子。

此外，师生都享受音乐的另一关键原因或许也在于：在学生的生活周遭里，几乎身边的每一位伙伴或老师都至少熟悉一种乐器，他们通过乐器聚会、社交、谈论，"一人一乐器"似乎已是个人基本能力之一。

例如，在一些典礼或活动上，几乎所有的学科教师都曾在公开场合中表演乐器或作为学生的伴奏，有时也与学生联袂演出等，即使大多数的表演总被教师谦称为一般余兴节目，但诚然都具有相当水平，且宾主尽欢。对此，副校长微笑地说："我们这里每位老师至少都会一种乐器，数学老师可是吉他高手，体育老师可是钢琴演奏家……"

整体来说，那些看似作为"学科"性质的音乐或视觉艺术，在学生心目中，其形象或实质意义可能更像是一种朝向个人兴趣与真

图1　个案学校音乐课堂

图2　个案学校音乐课堂

实生活的直接实现与体验，如同，多数学生从小便开始学习认识乐器、亲近乐器、碰触乐器，感受自己能够"创造/作"多元声音，有机会体"创造/作"声音的历程，音乐，从体验中学习而来，且不假外求。

■ 以自学为主的乐曲创作

学生P热爱音乐，偏爱钢琴弹奏，当她得知要为影片自创乐曲时感到相当兴奋，虽然学校提供多种乐器可以使用，但她仍从家中带来电子乐器"诺维逊键盘"与学校的乐器作出搭配，并尝试与她的伙伴通过自学来为微电影《友谊》创作曲子。

（学生P正在教伙伴如何使用诺维逊键盘创作乐曲）

P：配置一个ipad才能触发这两个效果器，不单是要设置返送。

O：而且不能影响它的频道。

P：对，我示范给你看。

O：要先离开控制模式吗？

P：对……（课堂观察）

（关于此键盘）

我几乎都自己学，网络上有很多影片，这是一种电子乐器，搭配计算机或ipad可以很快做出电子音乐……之前玩过，但还不太熟……（访学生P）

> 大部分是我先看同学P操作，她比较熟悉……然后我请她让我试试看……（访学生O）

他们这组成员一共四位，学生P和学生O两位正利用诺维逊键盘为影片创作配乐，另两位成员则在一旁"听音乐"。为何"听音乐"？事实上，她们也同步在网络上找寻适合自己影片的配乐，若有适合，将思考是否合用或改编。

大多数的学生都通过自学或互学来创作影片配乐，那么，音乐老师做些什么？音乐老师正勤走于

图3　音乐老师（左）正询问每一组学生学习进度并给予建议

各组之间，她一一观察并了解学生的学习进度并询问可提供的资源或服务（如图3）。一般来说，学生见到她靠近后，通常是先主动分享音乐创作的理念或方法、邀请她聆听临时版本的音乐创作，也有一些学生向她请问乐理等，而她会提供一些反馈。

■ 不按常理出牌？认识智慧财产权

前面，我们提到这个场景：

一天午后，学生T和其伙伴向音乐老师提议，由于自己这组可能将花费更多心思于摄影软件知识的钻研上，但此显然相对压缩音乐创作时间，因此，他们建议能否直接从网络下载音乐而不创作乐曲？音乐老师听闻后，先是思考了一下。

"你们确定吗？你们必须考虑清楚……"音乐老师说。

"……我们可能需要多花点时间研究摄影软件。"学生T说。

"若你们决定放弃创作乐曲，我不会完全否定……但下载他人作品确实有法律问题……答应我，你们必须花一点时间去了解那些问题，然后再做决定……"音乐老师语重心长地说。（课堂观察）

两位学生回到座位后，便在计算机上输入几个关键字，例如：音乐下载、免费音乐，以及创用CC授权（知识共享——Creative Common）等。他们指出，过去在小学时曾学过CC授权的一些知识，只是他们并未完全理解，因此，这次决定花一点时间来好好研究。

他们在阅读CC授权细节如须遵照条件后，又联结到几个深受大家喜爱的音乐网站等去察看是否也有相类讯息。他们发现，这些音乐网站大部分都有提醒"知识共享"分类，也有示范案例：案例中明确标明选用者必须依照著作权人所指定的方式标示姓名。若对本著作进行变更/转换/修改时仅得依本授权条款或类似之授权条款散布该衍生作品（即"相同方式分享"）。

如是往返的页面搜寻、阅读理解，以及到最后对所选音乐授权协定之确认等,约花去两节课时间。在影片完成之后,他们依照作者(授权人)指定方式对其作品进行姓名标示,并确实彰显于片尾名单中。

整体来说,在音乐课堂上,学生主要通过自学与互学方式来为《友谊》电影配乐,而此部分的学习为音乐教师定位为附加式的学习或指导。此外,对这些学生而言,大部分至少都会弹奏一种以上乐器,主要都以学校提供的乐器为主,少部分也从家中带来与其搭配。随着科技越来越发达,学生创作音乐的方法与所使用工具越来越多样,他们有些尝试融合科技如融入电子乐器等,也都会给音乐课堂带来学习的新风貌。然而,也因为科技日新月异,网络世界智慧财产权、学习伦理等也成为音乐教学的重要内涵之一,这些也是学生在此跨领域课程下所习得的重要副学习和辅学习。

观察外一章(一):课程统整的三种取向

芬兰2016年课纲强调师生要能进行跨领域教学,但事实上,在前一版本2004年课程纲要中对此即有所鼓励,故实施跨领域教学非2016年课纲的新项。换言之,当今学校实施的跨领域课程仍是在既有基础之上持续前行并改进,师生对此并非全然陌生。

德雷克将组织形态分为多学科、科际整合,以及超学科,其中多学科系指通过主题使学科间内容产生关联,科际整合是指以学科间共同所需的能力如批判思考、技巧等进行学科间的统整,至于超学科是指真实世界中的情境受到关注,科目不再是学习的组织中心,学生的意见及决定受到重视。于此，本文也特别指出的是，此课程统筹的三种取向不一定有优劣之分，视课堂的教学目标而定，凡是设计得宜的课程与教学，均是好的课程与教学。

此外，此三种取向也不一定断然区分，或可理解为一连续阶段、一连续的整体观，即以现有的课程内容为基础，到发展更高层次的能力，再到高层次、生活角色表现的更广泛主题，是一连续、统一体的过程，也就是说，当学习者在某一处累积更多经验后，亦有可能继续体验这种不断加深的联系，以致最终在此三种课程统筹取向皆能游刃有余。

观察外一章（二）：跨领域课程｜语文课老师仍照教学进度上课？

这里也顺谈微电影《友谊》拍摄于语文课堂的观察。

微电影拍摄期间，当师生来到英语和芬兰语课堂时，事实上，他们并没有在进行任何有关微电影《友谊》方案，而是依照原来的教学进度继续上课。换言之，当学生来到芬兰语课堂或英语课堂时，所带进室内的不是微电影《友谊》拍摄的相关学习材料，而是如常地依据原来的教学进度实施课程，包括阅读文章、学习文法、练习朗诵、互相对话、写作反省等。

若再查看语文科的教学大纲则又发现，两科教师均未列出有关微电影《友谊》方案的任何教学项目。然而，为何语文科教师无须给予关于微电影拍摄任何支持？为何师生不动声色？还是有其他被我遗漏了的观察？我感到非常好奇，于是，便先直接向学生请问。

（关于微电影《友谊》方案）

我：为何在芬兰语课不继续编辑？

学生A：喔，因为我们要上课。

我：那么有关对话和字幕的编辑会如何处理？

学生A：我们自己会在其他时间做，像是视觉艺术课。

我：你们好像也不在英语课做编辑？

学生A：是的，因为我们也要上课……（访学生A）

学生A以为"语文课是要上教学进度的课程"仍未完全解开我的疑惑，于是，我又继续访谈视觉艺术老师、芬兰语老师Y，以及英文老师，最后终于稍有眉目。

（关于微电影《友谊》方案）

我：你也会帮忙指导影片角色的对话吗？

视觉艺术老师：他们需要的话我也可以帮忙。

我：那么语文老师会一起指导吗？

视觉艺术老师：当然，谁都可以帮忙，英文老师一直都在帮忙。

我："英文老师一直都在帮忙"是指……

视觉艺术老师：喔，英文课就教这些句子文法啊……

（访视觉艺术师）

我：Y，你看过学生正在拍摄的影片吗？

Y：喔，我知道这个课程，学生很喜欢这个课程……

我：你会在课堂上指导学生对话或其他吗？

Y：不会，我们有自己的课程计划，他们主要在视觉艺术课做。

我：他们不在这里写剧本吗？

Y：没有，这是应用所学，他们可以在任何时间写。

（访芬兰语老师H）

我：老师有看过学生的电影拍摄吗？

英文老师：有，XXX有拿来给我看……

我：他们有拍一部影片，以英文对话，不知道学生是否有来向你请教过对话内容？

英文老师：他们私下会问一些问题，但我还没看过完整的影片。

我：不知道老师会帮忙检查对话或什么。

英文老师：若有需要的话，每次上课已有安排进度。需要的话，他们自己会来问。（访英文老师）

因此，微电影《友谊》方案虽是由四个学科老师所合作的跨领域课程设计，但在平日的课堂教学上，视觉艺术课堂显然是学生主要的学习场域，凡有关影片如角色对话、字幕编辑等，学生也几乎都在视觉艺术课或音乐课进行，甚至此两学科教师也会协助检查文法或发音等。简言之，在四个学科教师共识下，学生的语文学习（或能力表现）被视为"直接应用于此方案上的素养"，并不在语文课堂上直接指导，语文课程仍依平日教学教度进行，这也凸显了跨领域课程设计的另一种思维与作为。

观察外一章（三）：分组落单？上课打电玩

关于微电影《友谊》拍摄，教师鼓励学生以分组方式进行以更能分工合作学习。然而，在分组过程中，仍不免有学生落单，在影片拍摄过程中，也有学生过度分心于其他事物。

（有一学生在分组时落单）

视觉艺术老师：你找到伙伴了吗？

（学生U摇头）

视觉艺术老师：你愿意独立拍摄吗？还是我们一起找找看其他同学？

学生U：也许我可以问问丹尼尔……

视觉艺术老师：很好，那你试试看……

（课堂观察）

（有一学生正上网游戏）

视觉艺术老师：Z，你该停止打电玩了。

学生Z：OK。

（Z将平板计算机画面做切换，老师离开与其他学生讨论。）

（不一会儿，Z又回到游戏画面，这时，老师刚好又经过。）

第三章 芬兰课堂观察：正式课程篇

视觉艺术老师：Z，你应该了解这是上课时间，你，该，停，止，打，电，玩……你有学习的责任，是吗？

学生Z：抱歉……

（Z将平板计算机收到抽屉，转与同组学生了解拍摄进度。）

（课堂观察）

在个案学校，一般来说，不仅视觉艺术老师，大部分教师对于学生分组落单、上课不专心等情形的回应，大多都采取"温和"方式来处理，最常使用便是直接询问需求、口头劝导，师生不太让自己一直"掉入"处理这一类事务的旋涡里。

我思考我可以怎么帮助他，而不是直接帮他分组，学生想要怎么做我第一时间要问清楚……（访视觉艺术老师）

学生有自己的责任，这也是课纲强调的，教师不可能完美，我有责任让学生知道他也有责任……（访视觉艺术老师）

我和Sara他们一组，他们演员少一位，我就加入了。（访学生U）

我知道上课打电玩不对，她（指视觉艺术老师）说过了……（访学生Z）

在个案学校观课这一年来，我发现芬兰多数师生有一个特质很值得省思，那便是"不轻易为（让）他人做出决定"。无论在何情境下，当学生需要帮助时，教师会做的第一件事通常是"去认识与理解学生的问题与其性质",协助澄清问题或给予建议,很少会帮学生直接做决定,于是,这有机会让学生知道他终究要承担问题找到方法,然后解决它。

事实上,我以为上述有关教师负有"让学生知道他也有学习责任"的责任。因此,在下课后,当我见到视觉艺术老师一边收拾颜料和服装,一边也不忘对较慢离开的学生Z做出提醒,她提到,希望他除了能注意自己负有学习责任外,也能明白学校生活终究区别于家庭生活作息。换言之,师生并未继续胶着于"上课打电玩"事实上的谈论,而是抓住更上位的指导原则"学习者也有学习责任"晓以轻重,这不仅使得师生无须正面冲突,也让学生感受到被视为一位"成人"对待的尊重,如是的互动,是否会更有可能让他去思考方才失序行为背后的真正缺乏究竟为何。

那么,观课一年来,是否看过老师因学生顽皮而处罚学生?师生是否严重冲突?而最严重的处罚方式为何?

这一年,在我每天参与观察课堂中,我从没有看过师生严重冲突,没看过任何一位老师对学生咆哮(较大声一点的口气亦无),没看过学生轻蔑或恶意回应老师的教导,没看过师生为班级经营的难题折伤了彼此情谊。在我所参与的这些超过千堂课堂教学中,所见过最严重的一次处罚便是在英文课堂里。当时,两位女学生因上课的情绪过于高涨、玩笑不止,英文老师在提醒过一次显然无效后,不久,她便请两位到教室外面走廊上"冷静",而两位女学生对于这样"激烈"的处理方式诚然也感到非常不好意思,便在外头待了一会儿才又回到教室上课。

整体上，时常困扰我们本地的课堂教学遇到的问题来说，看似负面问题如学生分组落单、上课分心、师生冲突、学生屡劝不听、上课使用手机、作业未完成等，对于芬兰师生来说，恐怕也无一幸免（目前个案学校课堂上可使用手机），然而，从个案学校看来，这样的负向问题确实极为少数，也让师生更能专心于教学实施。此外，当个案学校师生在处理这些问题时，我见到他们也都倾向于"轻轻地提起，然后轻轻地放下"。我想，或许除了师生心中那把"引导学生觉知他有学习责任"尺度一直都在，师生筹划有效且可处理的"课程与教学设计"可能也是关键之一。

语文课堂——7. 差异化教学"到底"的芬兰语与文学课

> I老师：今天大家有不同的任务，丽芙和海蒂你们可以看上次那个影片，然后继续回答在线问题。丽莎和科利斯托尔，你们从这些诗集中挑一本来写一小段解释。
>
> 科利斯托尔：我可以不挑诗集吗？
>
> 丽莎：我愿意看诗集……
>
> 科利斯托尔：我可以看上次那本小说吗？因为我还没看完。
>
> I老师：好，你们两个的短文完成后直接传送到我的信箱。

教学任务｜朝向兼具信息性、艺术性及技能性

根据芬兰课纲，芬兰语与文学[1]主要教学任务是"培养学生精通芬兰语、多元识读和互动能力""熟悉文学和文化""建立语言认同""引导学生在多元文化和多语言社会中理解芬兰语言、文学和其他文化形式的含义与状态"等。

基于此，在一年级至二年级，芬兰语与文学的教学任务主要是发展学生的基本素养、学习如何学习，以及互动的技能，引导学生对语言、表达，以及各种文本的产制和理解产生兴趣；在三年级至六年级，芬兰语与文学的教学任务除了发展学生学习如何学习、互动能力之外，也包括对阅读的兴趣、具流利且博学多闻的阅读和写作技巧；在七年级至九年级，芬兰语与文学的教学任务主要在使促进学生多元识读、学习如何学习及互动技能的多样化，引导学生扩展他们的语言、文化知识及其文本世界。

关键内容领域｜从与他人互动到多元识读

这里将以一间七年级教室的教学为例。根据课纲，七年级至九年级芬兰语与文学关键内容领域共有四项，包括：互动技巧、诠释文本、文本产制，以及对语文、文学与文化的理解。

---

[1] 本文以"芬兰语与文学"为"母语"的视角来描述母语与文学，至于其他母语架构中的教学法和教学活动亦是依据相同逻辑来设计。

芬兰课堂实况观察

观课时间	2018年3月至2019年2月　每周三节
班级/学科	七年级/芬兰语与文学课
上课形式	两班制（分三组）

■ 作为学校教育的最重要课程之一

芬兰有两个全国性的语言，一为芬兰语，另一为瑞典语，除了上述两种语言，在芬兰课纲中，萨米语、罗姆语，以及芬兰手语也在母语类别里，其中萨米语有在某些北芬兰自治体受到法律保障的特殊地位。

1997年，科目名称"母语"改为"母语与文学"，主要是为强调结合语言与文学研究做为母语与文学教学基础的特性。在这么多作为母语与文学学科中，学生必须从中择一作为母语学习，以符合2004年施行的新语言法。不过，在基础教育，即使每位学童都有权利以自身母语接受教育，但凡母语非芬兰语或瑞典语者，则须在芬兰语和瑞典语中择一作为第二语言学习。

以七年级为例，每周有三节芬兰语课，其中一节采两班制上课，另两节（连堂）则为全班一起上课。由于此班学生包含以芬兰语为母语、以芬兰语为第二语言，以及以芬兰语作为第二官方语言，故有三位教师分别为此三组学生授课。为了给予更适性协助，教师非常重视差异化教学。

■ 教学风格迥异的三位芬兰语教师

三位芬兰语教师的教学经验都超过十年，拥有丰富的教学资历。不过，观其三人课堂，教学风格却很不相同。

担任以芬兰语为母语教学的I老师，是一位英语与芬兰语均流利的语言教师，她喜于提供不同形式（如纸本、电子等）和文本种类（如：小说、短文、戏剧、诗集、新闻等），让学生学习语言与文学的同时，也锻炼多元识读能力；担任以芬兰语为第二语言教学的G老师，是一位较内向老师，比起听说，她显然是较重视视觉理解和阅读理解的语言老师，这从她时常给学生关于读写一类的任务可知；另一位担任以芬兰语作为第二官方语言教学的Y老师，她同时兼任学校的副校长职位，她善于设计有趣且实用的学习任务让学生探索（如图1），她认为当前的课程设计目标应在"维持学习芬兰语动机"为优先，故她常为学生设计有趣的学习任务。

综此，此三位教师的教学风格和所教授内容并不相同，但事实

图1　Y老师与学生进行桌面游戏

上，三位老师会在共同备课时间一起研拟教学计划，也会讨论学生的学习情形，因此，当三位教师互相代课时，也较可以有效支援。此外，在极少时候（如某位老师临时有事），所有学生也会合并上课，这时，更能明显地看到差异化教学"到底"景象。

■ 差异化教学与评量"到底"

所谓差异化教学是指"一种针对同一班级之不同程度、学习需求、学习方式及学习兴趣的学生提供多元性学习辅导方案之教学模式"。承如前述，三位教师的教学风格虽不相同，但课堂上都把握共同的教学方法，即重视个别差异、实施差异化教学。

所谓"到底"，是指"个案学校学生在芬兰语课堂的学习几乎已是一人一种学习方式"的状态。例如，许多时候，师生的教学模式是学生一人一机（如手机、笔记本电脑、平板）、一人一本（有适合自己语言程度的文本），然后依照自己的学习进度一个阶段一个阶段地前进，这俨然已是芬兰语课程教学常态（如图2）。

> 芬兰语与文学很重要，像这样（差异化教学）是必然的，因为学生程度差很多。（访Y老师）

> 评量也会分开来处理，我们（三位老师）会各自给学生评量，评量内容有写短文、发音、阅读。（访I老师）

图2　学生常态性一人一机学习芬兰语

那么，当学生都自主学习时，语言老师做些什么？根据观察，老师们的主要任务便是了解其学习需求、进程，以及提供合适的资源等。

事实上，即使班上绝大多数学生都以芬兰语为母语，但I老师指出，她也常给学生不同的学习任务，一般来说，尤其程度较好者，她会特别在芬兰语文法讲述之外，再加强其芬兰文学的素养。

例如，一次课堂上，I老师在产生动机之后，便从柜子里搬出几本书到教室中央，几位学生靠近并拿起来翻阅，接着，I老师便向学生提示今日的学习任务。

　　I老师：今天大家有不同的任务……丽芙和海蒂你们可以看上次那个影片，然后继续回答在线问题。丽萨和科利斯托尔，你们从这些诗集（如图3）中挑一本来写一小段解释。

科利斯托尔：我可以不挑诗集吗？

丽萨：我愿意看诗集……

科利斯托尔：我可以看上次那本小说吗？因为我还没看完。

I老师：好，你们两个的短文完成后直接传送到我的信箱。（芬兰语课堂观察）

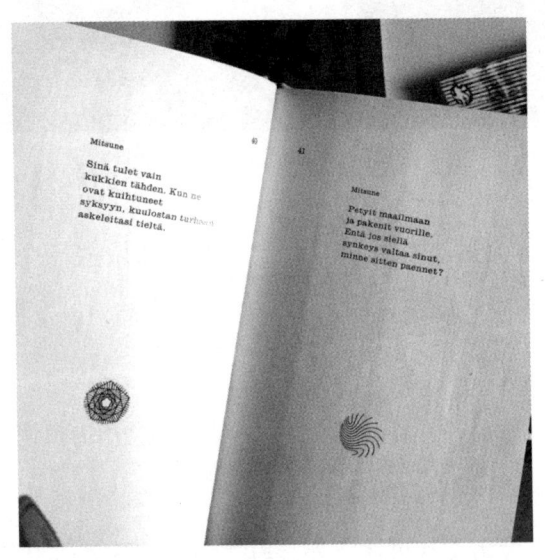

图3　芬兰语与文学课有不少文学作品为学习素材

I老师指出，事实上，有些以芬兰语为母语的学生也来自双（跨）文化家庭，他们自小生长在多语言家庭，一旦父母善用语言教学策略结合家庭特有的生活情境，也为孩子增加具有质量的语言刺激，她指出，学生丽萨便是很好的例子。

不过，她也特别提醒，语文学科的学习本不在于与他人比较或同步，尤其以芬兰语为母语的学生与以芬兰语作为第二外语的学生，其在教学大纲上本就具有差异。

■ 芬兰语与文学的"传统"价值正流失？

根据课纲，学习母语与文学最重要的理念在通过学习这些内容与技巧，使学生成为一个乐观且具有自信的个体和社会一员，让他们不仅能够增长自信心，也能在社会上扮演主动发展社会的角色，最重要的是，他们也要能喜欢并欣赏自己的母语、文学，以及文化。

然而，随着国际人口移动和全球化现象，近来年，芬兰的移民人口逐渐增多。对此，担任以芬兰语为母语教学的I老师也常与其他教师讨论这一类问题。她有些失望地指出，多元文化也带来冲击，例如，它让学校教育中的芬兰语与文学教学不断发生质变，从教书第一年至今，这些变化她深有感触。

I老师进一步指出，有一些移民第二代的学生虽然以芬兰语作为母语，但其母文化自然地作为其生命的一部分，这也使得这些"新移民之子"与家族本会面临着完全不一样的身份认同，对于同一间课堂来自多元身份的学生正同时在学习芬兰语，这与她过去十年前的教学风景已大为不同，她忧心地认为，"传统"芬兰语与文学价值可能正面临严峻考验。

语文课堂——8. 擅于设计有趣有效教学活动的瑞典语老师

当今科技进步，文本形式越来越多元，小说、非小说、纸本、电子和视听媒体文本等，都需要一起放进课堂教学里让学生练习，学生的学习不再仅是只有纸本而已。瑞典语老师进一步指出，时常变换这些文本形式并鼓励学生也以多元形式来表达语言，这凸显了学校的语文课程不会仅是"被动式地"引导听说读写，教师的教学任务也在刺激学生去思考使用这些文本背后的不同目的，甚至提出批判和质疑，创造属于自己的文本。然而，面对这一类较高层次的任务，瑞典语老师也承认并不容易做到，但她指出，制造处理不同文本形式的机会是必要的。

教学任务｜支持对真实世界语言和文化多样性的兴趣

根据芬兰课纲，第二官方语言主要教学任务是"作为语言教育和语言意识介绍的一部分""支持学生对学校社区和周围世界的语言和文化多样性的兴趣"等。以瑞典语A教学大纲为例，在一年级至二年级，主要教学任务在于为学生提供语言的初步介绍，让学生通过歌曲、戏剧、游戏，以及体育锻炼来学习语言的基础知识，并根据学生的兴趣来选择主题或结合其他学科课程，作为多学科学习模块的一部分；在三年级至六年级，所有学生都接受母语和至少两种其他语言的教学：核心A1语言和B1语言，还可能还有A2语言（A语言的选修课程）；在七年级至九年级，主要教学任务在鼓励学生于各种互动和信息获取中使用瑞典语，支持学生提升三年级至六年级所获得的能力、发展语言推理能力，同时促进语言学习能力。

关键内容领域｜涵盖主题事件至学生兴趣等

这里将以一间八年级教室教学为例。根据课纲，七年级至九年级瑞典语A教学大纲关键内容领域共有三项，包括：朝向文化多样性和语言意识、语言学习能力，以及不断发展语言流畅、互动能力、文本解释及产制能力。

芬兰课堂实况观察

实施时间	2018年12月 一节
班级/学科	八年级/瑞典语课（以瑞典语为另一官方语言）
任务名称	《好奇的乔治》
教学目标	1.指导学生发展理解，理解和分析课文所需的策略和认知技能，以及在其个人阅读技能中评估发展需求的技能
上课形式	两班制

■ "最友善教师"

瑞典语老师总是面带微笑、说话和气，她总是在专科课堂上笑容可掬地迎接学生。九年级某班毕业时，还特定制发一个"最友善教师"奖牌给她，全校师生都认为她受之无愧，我也感受她实至名归。

她擅于设计课程、教学方式活泼有趣，学生进到课堂之后，通常第一时间都先向她询问："今天玩什么？"此时，老师也总是神祕地微笑回应："等等你就知道了！"

有一回，她在教室地板上以有色胶带贴了一个简易迷宫，让学生分成两组并轮流作为闯关者。她所订的规则是：

"闯关者必须戴上眼罩勇闯迷宫，但不能踩到任何有色胶带，而同组组员需以瑞典语词汇如：前进、后退、左、右、转弯等发号施令，协助闯关者能顺利地从入口进、出口离开,才算过关,误踩有色胶带者,则算失败。"

■ **学生才听完规则,便已跃跃欲试**

做为课堂观察研究者,我也常在她精心设计的有趣教学活动中不小心地"直接参与"师生课堂。好几次,因见到闯关者常有危急情况如偏离轨道等,我竟能自然地跟着喊!甚至后来到瑞典斯德哥尔摩大学参加研讨会时,也在一些场合中辨识出几个熟悉的词汇。

有一次,我向老师请教她是否受过什么专业训练?为何她所设计的教学活动有趣且又具学习效果?她一如往常面带微笑地回应:"我已经教学十年了,累积了很多资源和经验,有这样的表现应该是很正常的!"足见她与学生一样对她自己的教学甚有信心。

■ **收看《好奇的乔治》短片**[①]

相较于英文课和芬兰语课,多数学生均认同:瑞典语老师给予的任务性质通常具有"童趣",这很快地便引起大家共鸣(引起动机),也整个学习氛围充满"欢乐"。

由于时日接近圣诞节,学期即将进入尾声,近来的几次瑞典语课,教师都在协助学生复习、整合过去几周所学,也进行了两次测验。今天,当学生进到课堂坐定后,她如常地将今日的任务内容投

---

① 英文名称为《好奇的乔治》(*Curious George*),已出版超过15国的语言版本,并且累计销售超过3,000万本。乔治是儿童文学中最受欢迎、最广为人知的大明星之一,也受到个案学校学生喜爱。

影在荧幕上让学生阅读：

"请收看影片《好奇的乔治》并进行测验。你可以直接扫取找到影片链接……请使用耳机或与同学一起观看影片，且人人都要进行测验。"（八年级瑞典语课堂观察）

根据瑞典语老师的教学计划，今日的教学目标在于促进学生持续发展理解和解释文本所需的策略和后设认知技能，同时也练习评估自己的表现。她请学生在理解任务内容之后，随即展开行动。事实上，这不是他们第一次在课堂上观看《好奇的乔治》影片，诸如此类"收看影片后回答问题"是常有的任务样态。

根据观察，学生先是准备相关电子设备和学习资源。以此项任务来说，学生需要的工具至少包括：耳机、手机、笔记本电脑、平板计算机、参考书等，上述设备教室都有，少数学生则选择自己携带。学生或单独或俩俩一起观看影片（如图1），他们对此卡通人物"乔治"熟悉且喜爱，在观看影片的同时显然相当专注[①]。

至于测验题目和形式，则为十道选择题，内容几乎都是事实性问题，每题搭配有二—四个选项，均有标准答案。这些问题如"影片开始时，乔治被告知要做什么？""乔治认为冬天就像是……"当学生进行测验、对于某些问题的答案不甚确定时，他们会回到影片关键处再播放一次，对此，瑞典语老师微笑地说："当然，学生可以一边看影片一边回答问题，这是他的学习策略，而我的目的在于了

---

① 片中人物对话以瑞典语交流，片长约五分钟，老师建议学生依自己的速度来学习，也可反复多看几次。

解他是否听得懂对话内容。"(访瑞典语老师)

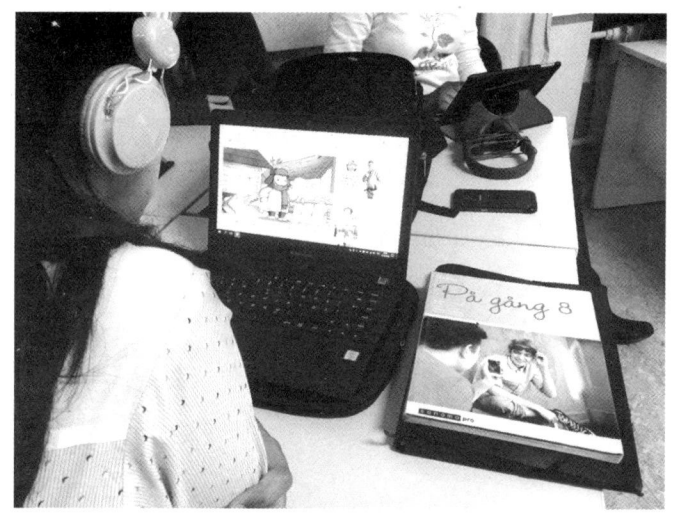

图1 多数学生选择独立观看影片

■ 制造处理不同文本形式的机会

学生在完成测验之后,所圈选的答案会被直接传送至瑞典语老师的电子信箱,依据过往经验,直到下一次上课时学生才会知道成绩。学生在交上测验结果后,由于仍未下课,在这个空档时间里,有些同学讨论起影片对话或句子结构,有些则继续点选"乔治"的其他影片收看,有些学生则拿出自己从家中带来的小说阅读。

课后,瑞典语老师在接受访谈时提到,当今科技进步,文本形式越来越多元,小说、非小说、纸本、电子和视听媒体文本等,都需要一起放进课堂教学里让学生练习,学生的学习不再仅是只有纸本而已。瑞典语老师进一步指出,时常变换这些文本形式并鼓励学生也以多元形式来表达语言,这凸显了学校的语文课程不会仅是"被动式地"引导听说读写,教师的教学任务也刺激学生去思考使用这些文本背后的不同目的,甚至提出批判和质疑,创造属于自己的文本。

　　然而,面对这一类较高层次的任务,瑞典语老师指出这确实不容易做到,但给学生练习处理不同文本形式的机会她认为是必要的。

语文课堂——9. 作为多数学生选择为第一外语的英语

　　这些任务都是形成性评量的一部分,她并没有打算要给学生等级,也没有要将纸本收回,她提到,她仅会环视学生的作业情形、了解学生的学习状况,若学生的作业有误,她会实时给予反馈或提供最适资源。例如,当她看见学生A的单词拼错,她便建议A到书柜去取字典查询以重复确认。她认为,提供"随手可用的学习资源"便是筹划有效形成性评量的重要关键……

教学任务 | 支持对真实世界语言和文化多样性的兴趣

根据芬兰课纲,语言教学是"语言教育语介绍语言意识的一环,学校应支持学生对学校社区和周围世界的语言与文化多样性的兴趣,并鼓励他们在真实环境中交流"。

以英语A教学大纲为例:在一年级至二年级,主要教学任务在于为学生提供语言的初步介绍,让学生通过歌曲、戏剧、游戏,以及体育锻炼来学习语言的基础知识,并根据学生的兴趣来选择主题或结合其他学科课程,作为多学科学习模块的一部分;在三年级至六年级,当教师计划教学和选择内容时,应考虑让学生通过非正式学习习得英语能力;在七年级至九年级,主要教学任务在于鼓励学生于各种互动和信息获取中使用英语,支持学生提升三年级至六年级所获得的能力、发展语言推理能力,同时促进语言学习能力。

关键内容领域 | 从个人兴趣、主题事件到全球议题

这里将以一间五年级教室的"关注文化:认识英国和美国食物"教学为例。根据课纲,三年级至六年级英语关键内容领域共有三项,包括朝向文化多样性和语言意识、语言学习能力,以及不断发展为语言流畅、互动、文本解释和产制能力。

芬兰课堂实况观察

实施时间	2018年11月一节
班级/学科	五年级/英语课（以英文为第一外语）
学习单元	关注文化：认识英国和美国食物
任务名称	设计美式/英式菜单
教学目标	1.指导学生注意周围环境和世界的语言和文化丰富性，以及英语作为全球交流语言的地位 2.共同探索教学目标，并营造一种宽容的课堂氛围，在这种氛围中传达信息并鼓励学习是最重要的作用
上课形式	两班制

■ 英语在芬兰学校的现况

一般来说，芬兰综合学校强制修习的语言最少有三种，包括：一年级时开始学母语，最晚从三年级起学第一外语，以及最晚从六年级开始学习另一官方语言。对多数以芬兰语为母语的学生来说，所选择的第一外语通常是英语，而第二官方语言则为瑞典语。

此外，从五年级或八年级开始，学生还有机会选修另一种语言，以个案学校为例，其在八年级有开设意大利语课程供学生选修。不过，基于实务和经济考量，开成与否仍受选修人数影响[1]。

那么，学生的修习状况如何？根据芬兰统计局统计，在2018年

---

[1] 此议题从较早便有讨论至2019年仍未停歇。2019年1月9日，芬兰第一大媒体便以"外语学习较早开始，但很少有选择"为标题有后续相关报道。

综合学校秋季学期，一至六年级的学生中有74％的学生学习英语，比上一年提高3个百分点，英语是最多学生选择学习的外语，此外，几乎所有七至九年级的学生都学习英语。换言之，除了芬兰语和瑞典语，学生在基础教育阶段大多选择英语为第一外语，而此通常也是学校最常开设的外语课。

■ 英文老师｜个案学校新鲜人

英文老师K来自一个双文化家庭，父亲是美国人，母亲是芬兰人，在她过去的学习经验中，曾接受过美式教育和芬式教育，她曾说，两国的教育体制很不一样。K老师毕业于赫尔辛基大学英文系，拥有硕士学位，虽然是英语，但由于对语言极有兴趣，所以也辅修了意大利语，个案学校八年级所开设的意大利语选修课便是由她担任教学者。目前，她选择定居芬兰。

K老师的教学经验约五年，比起个案学校其他多数老师至少都有十年以上教学资历，她的资历较为年轻。不久前，她才从他校调过来，她常自嘲地说，她仅比我早了半年进到这间学校，和我一样都是校园新鲜人。

相较于其他教师，K老师的教学态度严谨，她的课堂学习气氛也较严肃，师生之间的谈话即使话语滔滔，也少有任何"题外话"，大部分学生提到，比起前一位英文老师，"K老师比较严肃，发音也比较美式"。此外，学生也提到，K老师对学生有较高期许，也给予较多的作业，至于考试次数也较以前老师多一些。

记得我第一次到她的课堂观课时，K老师便主动向我介绍当日课堂重点、今后几堂课程的可能铺陈，以及学校概况等（即使她才到这个学校半年仍努力解说），她的话题不脱离芬兰学校、课堂，以及英文教学，常给我很多有用且精准到位的信息。

K老师是一位认真且投入教学的老师，这也表现在她对"每一刻师生都有该做的事情"的坚持上。例如，下课时间一到，她一定马上督促孩子去院子玩游戏，她则快马加鞭地到衣帽间换上反光背心后也到院子去担任导护。由于英语专科教室和衣帽间的距离较远，这使得她在每次下课后不得不"快走"到衣帽间，通常在这段与她一起"快走"路径中，我们完成不少谈话的同时，我早已是气喘吁吁，她却依然稳如泰山。她曾告诉我，自己很珍惜作为教师这份工作，这是她的志向，而过去她曾在多所学校代课过，其经验相当辛苦且难忘，也让她如今格外珍惜。

■ 独门收心操：十分钟桌游时间

英文老师有一独家收心秘诀：当学生从院子游戏回到课堂仍余兴未尽时，她通常也不急着马上进入课程，而是让学生通过"桌游"收心。在英文专科教室的资源柜中，K老师收纳有诸多英语教学用的桌游，有些是过去以来积累，有些则是她近来的请购新添[1]，她时常注意更换桌游内容，有时也加入与学生一起游戏。

    这些桌游很有趣，我很喜欢。（访学生D）

---

[1] 教师若需购买教学资源可以提出请购计划交付校长裁定，若通过则提供补助。

我最喜欢玩"配对鸟"。(如图1)[1]

虽然那些鸟名很难记又难读(笑)……(访学生U)

图1 桌游融入英语教学

英文老师指出,为尽可能地兼顾到每一位学生的学习习性和风格,语言课常需要准备不同类别的学习资源,而"桌游"便是其中一项。她提及,关于语言领域的"桌游"相当多,很多都很适合教

---

[1] 此游戏玩法是:将纸牌面朝下放置,玩家须记住成对雄性鸟和雌性鸟的位置,配对成功越多者则为赢家。

学专用,不过,她也指出,虽然她将桌游定位于"收心"性质,但学生通过桌游也在学习,尤其卡片上都以英文书写,"配对鸟"便是一例。

再者,她也特别指出,"桌游"能培养学生的社交技能,尤其班上一些学生可能较害羞,她期待通过长期经营"十分钟桌游时间",也能让这些学生有与他人沟通与互动机会,这也是她推崇桌游融入语言教学原因之一。

■ 通过"大图片"学习

11月的一天,师生所进行的教学单元是"关注文化",这已是此单元教学的第四节课,也是本单元教学的最后一节课。

前三节课,K老师让学生学习单字、基本文法,以及阅读几篇文章,较特别的是,她与学生一起阅读的材料大多都附有"大图片"(如图2),她提到,这是因为一些研究资料显示"大图片有助于推进长期记忆",因此,当她为这些"以英文为第一外语"学生选择学习材料时,通常会以此作为主要挑选原则之一。

根据K老师的计划,今天学习重点将延续前三节课,主要教学目标

图2 英语课常选用附有"大图片"的学习材料

有二：促进学生留意周围环境和世界语言与文化的丰富性、营造较具包容性的课堂氛围并培养学习如何学习的能力。K老师指出，在这一节课，她将提供有别于前三节课的学习方法如填字游戏、图文笔绘，以加深学生对本单元重要字汇的长期记忆，引导学生独立学习的同时也合作学习。

■ 关注文化：答错不受任何评断

正式进入课程后，K老师先检查学生的作业，接着便跟学生一起检讨。她将作业内容投影在前方，与学生一起讨论他们的书写的状况（如图3）。

K老师：第一题，哪些是美国食物的代表？哪些又是英国食物的代表？

图3 英语课师生一起检讨作业

（约一半以上学生举手待答，老师请学生L回答）

学生L：美国有汉堡、热狗、松饼……英国有鱼和炸薯条……

K老师：那么，苹果派呢？

（约一半以上学生举手待答，老师请学生M回答）

学生M：美国……（芬兰语课堂观察）

根据一年课堂观察下来，K老师通常会自己念题目，然后以学生自愿回答为优先，而学生发言前会先举手，而她也尽量不重复邀请回答。

事实上，这些问题也不会太难，几乎在文本上都可以找到答案，凡学生答题有误者，K老师则稍微提示一下之后会再邀请他人回答，当中不做任何评断，至于看见同学答错，学生之间也少有负面反应，大部分学生仅是持续地举手期待能够被老师点名回答。

此外，文本中有一些具有创意的题型深受学生喜爱，如习作上有一题"请画下创意料理并以英文为其命名"，有学生便画出"牛肉冰激凌"和"黄瓜和鱼口味的比萨"料理（如图4），并在图下对应写上"beef ice cream"和"cucumber and fish pizza"，这让"教科书"似乎显得亲切且有趣。"举手后再说话"是个案学校多数课堂的潜规则，而"答错不受任何评断"，这也让班级教学显得较为有序、流畅，且充满尊重。

图4　具创意的题型深受学生喜爱

■ 两项任务：填字游戏、设计菜单

老师发下学习单，提示今天的学习任务有两个：一是完成学习单上填字游戏，另一则是参考所学单字或字典为自己设计一周五天的美式/英式菜单。

关于此两项任务的难易度，多数学生都认为不会太难，尤其是填字游戏，凡语文课堂老师大多会提供这一类练习，有些语文老师甚至也会鼓励学生自己创作填字游戏后交换练习。

引起较多讨论的是任务二，多数学生对此任务高度感兴趣，甚至在听闻任务内容后便兴奋地直接以英文与邻座同学讨论起菜单内容来。这时，K老师也一边提供色纸色笔给学生编辑菜单使用，一边提醒学生在资源柜中还有平板电脑和字典可善加利用。

学生L：每天都吃薯条太无聊了……要不要来点肉桂卷？

学生K：肉桂卷是我们（芬兰）的？

学生L：每个国家都有……你知道它的英文是什么？

学生K：Cinnamon Roll？

学生L：（正利用平板电脑查阅）C-i-n-n-a-m-o-n R-o-l-l宾果！你怎么知道这个字？

学生K：我看过K-Market7（此为芬兰当地的连锁超市）面包柜有写这个单词……（课堂观察）

英语课堂上，学生也常使用通信科技来辅助学习，不过，相较于其他语言课堂，英语课使用次数较少。对此，K老师也特别指出，根据她过去的教学经验，当学生在使用这些电子教具时，偶尔会无法恪守规定或学习纪律，例如拿平板电脑却是玩在线游戏、复制网络他人文章等，因此，她对英语教学融入通信科技这一部分的教学设计较为谨慎。

■ 文本阅读样式反应至文本编制

关于任务二学生编制文本的情形，几乎都以图文并茂方式呈现（如图5）。大部分的学生都运到单元中的英语词汇如汉堡

（hamburger）、甜甜圈（donut）、比萨（pizza）等，但也有一些不在所学字汇中，如蓝莓（blueberry）、甜玉米（sweet corn）、龙虾（lobster）等，他们会写出这些字汇的原因相当多元，但大多不脱以下几种：通过查字典、K老师上课时的补充、过去的旅行或采买经验。

图5　学生设计附有图文的一周菜单

事实上，关于学生所编制的文本形式，也多模仿日常所接触的文本类型。尤其在英文课堂上，师生常通过这一类"视觉图像"来帮助记忆与阅读理解，例如，桌游卡、大图片等，这可能也使得学生在编制这些文本时，受到先前学习经验的影响。

■ 如何评量学习任务

那么，教师如何进行评量？或者说，对于学生如是表现，教师的反馈是什么？K老师指出，这些任务都是形成性评量的一部分，她并没有打算要给学生等级，也没有要将纸本收回，她提到，她仅会环视学生的作业情形、了解学生的学习状况，若学生的作业有误，她会实时给予反馈或提供最适资源。例如，当她看见学生A的单词拼错，她便建议A到书柜去取字典查询以重复确认。她认为，提供"随手可用的学习资源"便是筹划有效形成性评量重要关键。

此外，K老师也提到，这已是此教学单元的第四节课，学生能完成学习单上"填字游戏"和设计出"一周五天的美式/英式菜单"都是达到学习目标的基本展现，根据她的观察，班上仅有一至两位学生学习进度较为落后，而她的应对办法便是让他们带回家继续完成。

最后，K老师也笑着补充说，她所设计的第二项任务偏向简单，此任务重点除了让学生回顾所学单字之外，主要原因也在于让学生与同学可以在较愉悦的气氛下一起学习英文。她提及，营造"不害怕学习英语"的氛围也一直是她想努力的目标。

观察外一章：信息科技作为基础教学资源｜不是"被融入"

个案学校的语文科教学相当重视基本电子设备的齐全，如：计算机、网络、平板等，这些都扮演了"必要"且"重要"角色，让师生得以运用多样化和差异化教学，发挥"关键"效果，进而促进有意义学习。

在个案学校语文课堂里，"信息科技"不像是"被融入"教学，而更像是"直接"作为教学基础资源。换言之，对师生而言，它极可能早已是一种基本的教学必要条件，而不是"额外"被放进学习历程中的工具。

然而，不可讳言，凡被视为必要、理所当然的事物可能都是危险的，诚如将信息科技直接视为基础教学资源，也有所需承担的风险。

例如，某天因不明原因学生无法连网，这让诸多课堂的学习暂时"停摆"。当时，我正在计算机教室参与九年级生的经济选修课（学生正利用计算机软件制作统计图表，不受网络连线影响），却见西班牙语老师J带着几位学生走进计算机教室，J向经济老师抱怨着没有网络，她的课堂无法进行，因此，她前来商量能否让班上学生一起到计算机教室来学习经济……

"你会发现，科技对人类来说就是一个陷阱……"经济老师这么回答J之后，师生一起笑了起来，于是，两班学生一起加入课堂，J老师班上的学生"意外地"获得了一堂经济课。

事实上，在观课的这些日子里，我见到师生遇过好几次这种"停摆"意外，对此，有些师生是表达了懊恼，有些则提出抱怨，有些则是随机应变转换教学工具继续学习，而主要处理网络复原的P老师，则最常受到校内老师的"夺命连环抱怨"，这也凸显了越依赖电子教具和网络来进行学教，所承受的这一类风险也越高，不过，也有极少数芬兰教师逆向操作，指出自己将越来越降低使用科技产品的次数。

不仅教学，在日常生活中，人与科技也有越来越多的交互作用，不可否认的是，这让我们得以完成日常诸多任务、促进许多新知，带来了行为上的影响，却也面临了一些以前从未遇过的问题。然而，面对这些问题，我们一定不会轻易地就放弃科技对于教学的关键作用，但如何运用它却不受限于它，更是需要同步思考与努力的行动。

体育课堂——10. Move!通过体能活动促进生活幸福的体育课

对于这些项目的挑战,可能学生都做得到也做得不错,故在进行检测的当下,学生的神情看来相当享受。他们自己不断切换检测项目,在体育馆里来回"移动",像在"玩一个好玩的游戏"……即使有人一再地挑战失败,似乎也很有信心地认为自己终将会挑战成功……我想起了体育教学任务之一是在培养学生"积极的自我形象"因此,这是否就是鼓励一种"我只是尚未成功"的成长型思维?

教学任务 | 通过锻炼体能来促进幸福

根据芬兰课纲，体育课主要教学任务是"通过维持身体、社会及心理机能，以及积极的身体形象来促进幸福""促进公平、平等及团结，并支持文化多样性"等。基于此，在一年级至二年级，主要强调学习感知运动技能和基本运动技能，一起学习、发展社交技能，以及增强体育锻炼的正向经验；在三年级至六年级，重点是基本运动技能的建立和多样化，让学生根据他们的发展阶段参与活动的计划、开发，以及负责任的执行；在七年级至九年级，主要重点是基本运动技能的广泛应用，并在不同运动和其他形式的体育活动的帮助下通过锻炼提高身体能力。

关键内容领域 | 涉及身体、社会、心理健康

这里将以一间八年级体育教室教学为例。根据课纲，体育关键内容领域共有三项，包括：身体机能、社会机能，以及心理机能。

芬兰课堂实况观察

班级/学科	八年级/体育课
上课形式	男女分开上课

■ 男女孩分开上课

在芬兰，学校有自主权决定男女生共同上体育课或是分开上课。一般来说，一至四年级时，男女会共同上体育课，但五至九年级时，则改成单一性别上课。为何如是区分？根据芬兰国家教育委员会（2004年），这是基于男女生在此一发展阶段中的成长差异伴随有不同需求所致。

此外，当男女分开上课时，男老师通常教导男生组，女老师则教导女生组，不过，个案学校体育老师H也补充说到，这并非如此严格规定，学校亦可自行评估。

体育老师H进一步指出，她在学校担任女孩的体育教师，这是因为她考量同性别教学较有机会理解学生在成长过程的身体变化与可能需求。她举例，五至九年级女孩可能面临初经来临，她便能就这一阶段学生的学习内容带入一些有关女性身体变化、卫生教育，以及引导经期间体能训练的课程，而这些对话可以更为直接且深入。

■ 具北欧特色的体育课程

芬兰有三分之一的土地在北极圈内，冬季严寒且日照时间较短，这让体能的锻炼与养成成为学校教育中重要一环。

在个案学校，男孩和女孩是自五年级开始便分开上体育课，男孩组由体育男老师S指导，女孩组则由H指导，而两位体育老师同时也教授学生健康教育学科。

学期初，两位体育老师将已规划好的男女生学期学习总表张贴于一楼公布栏。以八年级女生为例，秋季课程内容包括：游泳、飞盘、足球、舞蹈、体适能、定向越野、体操、跑步等（如图1）。

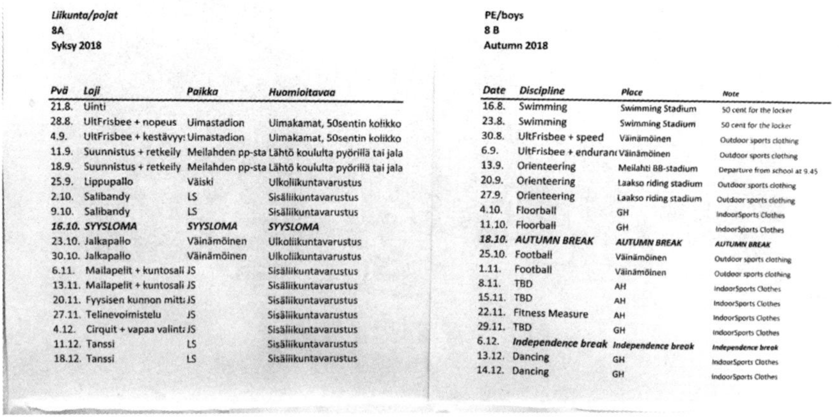

Liikunta/pojat
8A
Syksy 2018

Pvä	*Laji*	*Paikka*	*Huomioitavaa*
21.8.	Uinti		
28.8.	UltFrisbee + nopeus	Uimastadion	Uimakamat, 50sentin kolikko
4.9.	UltFrisbee + kestävyy	Uimastadion	Uimakamat, 50sentin kolikko
11.9.	Suunnistus + retkeily	Meilahden pp-sta	Lähtö koululta pyörillä tai jala
18.9.	Suunnistus + retkeily	Meilahden pp-sta	Lähtö koululta pyörillä tai jala
25.9.	Lippupallo	Väiski	Ulkoliikuntavarustus
2.10.	Salibandy	LS	Sisäliikuntavarustus
9.10.	Salibandy	LS	Sisäliikuntavarustus
16.10.	***SYYSLOMA***	***SYYSLOMA***	***SYYSLOMA***
23.10.	Jalkapallo	Väinämöinen	Ulkoliikuntavarustus
30.10.	Jalkapallo	Väinämöinen	Ulkoliikuntavarustus
6.11.	Mailapelit + kuntosali	JS	Sisäliikuntavarustus
13.11.	Mailapelit + kuntosali	JS	Sisäliikuntavarustus
20.11.	Fyysisen kunnon mitt	JS	Sisäliikuntavarustus
27.11.	Telinevoimistelu	JS	Sisäliikuntavarustus
4.12.	Cirquit + vapaa valint	JS	Sisäliikuntavarustus
11.12.	Tanssi	LS	Sisäliikuntavarustus
18.12.	Tanssi	LS	Sisäliikuntavarustus

PE/boys
8 B
Autumn 2018

Date	*Discipline*	*Place*	*Note*
16.8.	Swimming	Swimming Stadium	50 cent for the locker
23.8.	Swimming	Swimming Stadium	50 cent for the locker
30.8.	UltFrisbee + speed	Väinämöinen	Outdoor sports clothing
6.9.	UltFrisbee + enduran	Väinämöinen	Outdoor sports clothing
13.9.	Orienteering	Meilahti BB-stadium	Departure from school at 9.45
20.9.	Orienteering	Laakso riding stadium	Outdoor sports clothing
27.9.	Orienteering	Laakso riding stadium	Outdoor sports clothing
4.10.	Floorball	GH	IndoorSports Clothes
11.10.	Floorball	GH	IndoorSports Clothes
18.10.	***AUTUMN BREAK***	***AUTUMN BREAK***	***AUTUMN BREAK***
25.10.	Football	Väinämöinen	Outdoor sports clothing
1.11.	Football	Väinämöinen	Outdoor sports clothing
8.11.	TBD	AH	IndoorSports Clothes
15.11.	TBD	AH	IndoorSports Clothes
22.11.	Fitness Measure	AH	IndoorSports Clothes
29.11.	TBD	GH	IndoorSports Clothes
6.12.	***Independence break***	***Independence break***	***Independence break***
13.12.	Dancing	GH	IndoorSports Clothes
14.12.	Dancing	GH	IndoorSports Clothes

图1　八年级女生2018年秋季课程大纲

然而，这些看似与其他国家并无二致的体育项目，其课堂风景却很不同。以个案学校为例，公园、树林、海边近在咫尺，这使得学生玩飞盘、跑步等直接以大自然为场域，低温下的运动一直是常态（如图2至图3）。

不过，基于季节变化和某些特定节庆，总表上所列课程仍有可能异动。例如，因连日雪地状况良好，原定的跳舞课程便临时改为滑冰课。此外，受到芬兰人喜爱的体育活动如福乐球、芬兰式棒球也常在师生的口袋名单中。因此，总表虽此，但每一次上课前后，师生都会再三确认“真正要上的课程”。

图2 在球场上"游泳课"

图3 学生在雪地里上体育课

■ 课表中设置"缓冲区"①

根据总表（如图1），老师也将11月某几周设定为"TBD"。所谓"TBD"，即"有待讨论"（To be discussed）。体育老师H提及，这是为了检视课程计划和学生过去几周体育练习情形，好让师生可以一起调适课程或反省。

像这一类"缓冲区"的设置，体育老师指出，不仅有机会回顾与反省整体教学是否符合当初的课程规划，也能让学生调适先前的学习项目，即学生既可增强技能，亦可补足技能。

当然，一旦教学进度或学习表现均偏向正面的话，这几周也能实施学生感兴趣的课程，例如，全班可以一起去溜冰场、打芬兰式棒球，甚至是直接到附近公园玩捉迷藏（八年级女生很喜欢的活动之一）等。

■ 没有固定的上课地点

由于体能活动多元，上课没有固定场域，全视上课内容和当时气候而定。

以八年级为例，上课地点除了学校多功能体育馆外，还包括：

野外定向的运动场——梅拉赫蒂体育公园（此距学校约3.5千米，搭乘公交车出行约25分钟）；

---

① 此用语本来是我自己观察记录时所用，后来变成了我与师生沟通的用词。其意旨"用来分隔或连接前后学习阶段或学习任务的地区，主要目的是为前阶段的学习缺漏设置转圜区，即学生可于此时做出补救学习"。

市中心游泳池——赫尔辛基游泳馆（离校约3千米，搭乘电车加上步行约25分钟）；

玩飞盘与足球练习场——维纳莫宁公园（离校约800米，走路约10分钟）；

剑术练习场地——特洛体育馆（离校约2.2千米，搭乘公交车出行约20分钟）……

上课地点距离学校有近有远，较远者，师生会一起搭乘公共交通工具；较近者，则各自行步行至场地集合。至于是否会有安全问题考量？师生的回答则是相当一致："没问题，这么做已经很多年了！"

事实上，不仅体育课如此，这些通勤经验也一直作为其他学科教学的一部分（本书在某些课堂中已有相关提及，此不再赘述），这也使得学校并未特别设定"出入门禁"，"出入"是自然的事。

■ 体测前，却传来不幸消息

"Move!"，是芬兰针对境内五年级生和八年级生实施的一种检测身体机能和反馈的系统，主要通过一系列体能项目的测试，了解其身体锻炼情形，并进一步研拟合适的体育政策和课程改进策略。

个案学校原拟十月初为八年级生进行体能测试，但在九月中，芬兰一家媒体却报道了一间位于埃斯波的综合学校男童在进行Move!检测不久后猝死的消息，此让其他尚未开始体测的学校有些疑虑与议论。

> 学生：这（新闻）会影响我们体测吗？
>
> 体育老师H：不会……没有证据说男孩的猝死与Move!有关。（非正式观察 | 走廊上）
>
> 校长：我们不一定要一次完成检测，可以分几次实施。
>
> 体育老师H：我也想分成两次到三次完成这些测验项目。（非正式观察 | 学校咖啡厅）

相较师生，家长较无意见。然而，体育教师H指出，为避免引起不必要恐慌，她也有一些应对策略。

> 我会在星期二的健康教育课跟他们提一下……心理健康和身体健康一样要注意……然后我也会跟家长提这件事。

（访体育老师）

次周健康教育课，H老师主动提及此事，并再度提醒学生正确的运动观念应包括"运动中勇敢地提出自己的不适"，同时给予正向心理建设。后来，她也一共写了两封信传送给每一位八年级学生和其家长，内容大抵是："Move！将如期举行""请以平常心应试""一旦接受体测应量力而为"，以及"要有勇气向他人说出自己当前的体能状态"等。

观察外一章：增强自我信念 | 相信自己最终会"成功"？

延续我对师生体测Move!当天的一些观察记录与反省。

Move!以测量学生的耐力、强度、速度、活动能力、平衡能力，以及基本运动技能为主，结果可为学生的身体机能状态提供信息，此系统的测量方法与项目通过实验测试，具相当可靠性。Move!的测量项目包括：

0米线跑（耐力、运动技巧）

连续5次跳跃（下肢强度、速度、动态平衡技巧、运动技巧）

上身提升（核心强度）

俯卧撑（上肢强度）

身体的流畅性

下蹲（骨盆区域和下肢的活动性）

下背部伸展（下背部和臀部区域关节的运动范围）

左右肩膀的活动性（上肢和肩膀区域的活动能力）

抛接（处理技巧、感知运动技巧、上肢强度）

男女生依然分开上课、分开检测。这是学生第一次接受Move!检测，她们看起来都相当兴奋。开始之前，学生如同上体育课一样先更换适合伸展的服装，在芬兰校园，由于没有统一的制服或运动服，学生有体育课的当天会自行携带一套适合伸展的衣服来更换。

集合后，体育老师H简单地说明原则，然后每人发下一张检测单，上面清楚罗列将测试的项目。体测过程中，就如平日一般，体育老师一人作为检测者，地点即学校多功能体育馆，这似乎都让学生表现显得稳定。

进行检测时，体育老师H多会亲身示范。根据观察，这些动作都不太难，以"连续5次跳跃"为例，体育老师示范"起跳前大幅摆动手臂、起跳后落地的瞬间再度起跳"等动作后，学生便自行练习起来。此牵涉下肢强度、速度、动态平衡技巧、运动技巧等，显然地，学生平日也上山也下海，也竞走也慢跑，也打球也跳舞，即使零下十五摄氏度也无碍于户外运动，这都使得她们觉得这些检测并不困难。

在检测过程中，有一非常有趣现象是：对于这些项目的挑战，可能学生都做得到也做得不错，故在进行检测的当下，学生的神情看来相当享受。她们自己不断切换检测项目，在体育馆里来回"移动"，像在"玩一个好玩的游戏"。即使有人一再地挑战失败，似乎也很有信心地以为自己终将会挑战成功。我想起了体育教学任务之一乃在培养学生"积极的自我形象"，这是否就是鼓励一种"我只是尚未成功"的成长型思维？

以学生C"抛接球"的表现为例（如图4），此"抛接球"规则是"先将球抛向前方墙壁的画框内，并在球弹回、尚未落地前将球以单手或双手接起"，C一连试了三个回合均未能通过，但她也不焦急或气馁，仍继续试练着。在抛接球过程中，有少数几位同学在旁为她指点，但她显然也有自己的策略——继续加快球速、两眼不断注视自己抛出的球等。每漏接一次球，她便自我解嘲说："喔，我好像知道要诀了，应该要……"她在享受自我描绘的"迈向成功"图像里，也为课堂营造了正向氛围。

图4 学生C练习抛接球

社会课堂——11. 以探究取向为主的历史课 | "第一次世界大战的起因"

无论是谁的历史观,也许也就只是一种个人的主观看法而已,但历史老师仍鼓励学生在理解或反省这些历史事件时,能尽量地保持客观中立,尤其在做出评论时;也不能忘加上"以我的观点来看",来区分那些事实性知识。历史老师指出,即使不是人人都是历史学家,但学生在进行历史探究时仍应努力朝向以"作为一名真正的历史学家"自居,即使对资料进行收集、诠释,以及反思时可能仍有所偏狭/较不偏狭、全面/较不全面,但不能不意识到自己应"努力"朝向于此,而此也是历史学习的一部分!

教学任务｜对历史知识本质的理解与积极地作为社会一员

以史为镜，可以知兴替。过去发生过的事件可用来引导理解当今时代的种种发展，也可据以领会心智劳动或思索工作的价值，甚至是未来。根据芬兰课纲，七年级至九年级历史科的教学主要任务是在"发展学生对历史和文化的了解，并鼓励他们采取负责任的公民原则""引导学生认识到个人作为历史参与者的重要性""理解活动和人类动机背后的因素""支持学生树立自己的身份"，以及"促进他们理解社会的多样性并积极地作为其中的一分子"等。基于此，在四年级至六年级，历史教学的任务是使学生熟悉历史知识、信息获取，以及基本概念的本质，目的是唤起学生对过去和人类活动的兴趣、感知其重要性，以及进一部理解他们；在七年级至九年级，历史教学的任务是加深学生对历史知识本质的理解，支持学生发展自己的身份，并使他们熟悉文化对个人和社会的影响。

关键内容领域｜探索议题不忘回到芬兰本土来反省

这里将以一间八年级教室的历史课堂的"第一次世界大战"教学为例。根据课纲，七年级至九年级历史关键内容领域共有六项，包括：工业社会的起源和发展，人们改变世界，创建、建立和捍卫芬兰，大战时代，建立福利国家，以及当今世界政治的起源。

芬兰课堂实况观察

实施时间	2018年8月至9月　每周两节
班级/学科	八年级/历史课
学习单元	第一次世界大战
任务名称	探究"第一次世界大战的起因"
教学目标	1. 指导学生了解在不同历史情况下影响人类行为和决策的因素
上课形式	全班一起上课

■ 拥有三个以上学科专长的历史老师

在个案学校，除了校长拥有博士学位，所有教师皆有硕士学位，且拥有至少两个以上的学科专长，较特别的是，拥有超越两个专长的教师亦不在少数，如教学经验超过二十年的历史老师便拥有三个以上学科专长资格，包括：历史、宗教、芬兰语……同时，她也是合格的小学教师，在我停留个案学校研究期间，她更用课余时间辅修法律课程，可说是一位身体力行的终身学习者。

历史老师在接受多次访谈时均表示，她相当享受学习，她认为，通过不断地学习不仅可以获取生活上和专业知识上的养分，也让她再回到课堂教学时更懂得如何引导学生真实学习。她认为，认识与理解多领域知能有助于视野上或单一学科知识的相互补充，这让学习过程不仅变得整全、具有层次；也让学习更趋整体性与丰富性。

在任何一节学科课堂上，具跨领域知识背景的她在教学中常

"自然地"展现课程统整力，即使她都谦称这些课程与教学并未经过缜密设计，对学生来说，她堪称是一位"博学多闻者"，所以，学生也常向她询问超越单一学科的知识，有时她也充当学生的心灵导师。

■ 关键内容领域相互联结与牵动

根据课纲，芬兰历史课的主要任务在于引导学生对历史知识本质的理解、支持学生发展自己的身份，并使他们熟悉文化对个人和社会的影响，而为达此目的，课纲指出，教师的教学应采交互式和基于探究取向的工作方法。

在七年级探究"帝国主义"相关概念、类别，以及兴起背景之后，八年级的秋季课程则延续了此轴线脉络，研究世界大战的爆发。

根据历史老师的规划，将进行的关键内容领域主要是"大战时代"，主题则为第一次世界大战和第二次世界大战。历史老师指出，关键内容领域虽然看似设置在"C4大战时代"，但程度上也涉及对其他内容领域的学习。

她认为，课纲历史科的六大关键内容领域在学习过程中均可能相互牵动、保持联系，而这些学科内的知识贯通也是师生教学的要务之一。

然而，师生如何进行教学？对此，师生延续七年级的探究取向教学模式，个人探究和小组合作探究两种方式均采之。所谓探究，简言之，便是由学生主动地去探寻并寻求解决问题的过程。以历史老师给予个人的第一项探究任务"第一次世界大战的起因"为例，历史老师引导学生先探索第一次世界大战爆发的背景脉络，然后就此范围内形成一个重要且自己也感兴趣的研究问题进行资料收集，最后加以分析与做出结论等。

■ 推荐学生阅读的文本

历史老师指出，各种史观不一定涉及对错，不同的人本有不同观点。她指出，由于这些重大战争发生年代与此一世代学生相距较远，若要引导学生去认识或理解这些事件并从中记取可资借鉴之处，恐怕也仅能通过既有文献文件、他人言说或著作、某些纪录片等着手。然而，她也担心一旦学生所选阅听版本或思辨观点过于单一面向或明显偏向某种意识形态时，将背离教育。

再以"第一次世界大战的起因"为例。历史老师认为，对这些可能首次认识与接触这些重要历史战争或关键人物的青春学子来说，为其指出较适合其年龄或学识素养的读本，也相当重要，更是历史教学的一部份。

> 历史老师：我推荐一些网站和参考书给你们参考，比如可以看看这本《现代世界史》(*Modern World History*)。
>
> 学生L：这一本我们教室柜子有……
>
> 历史老师：它是我推荐的其中一本，你们可以参考它的第一章。
>
> （历史课堂观察）

当历史老师在向学生介绍这项任务同时，她也特别向学生推荐可供参考的书籍。

同时，教师也对学生时常提醒，书柜中仍有其他图书，学生可相互参看，进行比较。

■ 先见林，然后再选一棵树！

第一次世界大战是一场于1914年到1918年主要发生于欧洲的大战，在此时空条件下，学生本不易于一时之间对多数战役和战役发生原因全面地掌握与兼顾，因此，当学生对第一次世界大战爆发的背景脉络有初步理解后，教师也给予学生一些较明确的继续探究方向和关键问题索引，以让学生"先见林，然后再选一棵树"进行研究。她在教学简报上写着：

- 先了解第一次世界大战和其主要战役、发生地点，以及时间。
- 选择一场战役/前线/人（请与老师讨论），并提出适当研究问题，以上请在下周前寄出信件给老师。
- 请准时完成！

第一次世界大战之前的脉络理解也是必要的，学生要先知道整个欧洲状况，包括芬兰的角色。只要找一个小部分来研究就好，你不可能都去研究，好好去理解一场战争会发生背后的原因已经足够，这也是方案的重点。（访历史老师）

我还没有决定好要研究哪一部分，但我对德国的角色很好奇。我在想，德国人为何支持奥匈帝国向法国宣

战……(访学生D)

以学生D为例,她一边阅读参考书,一边上网收集关于第一次世界大战爆发的相关信息,同时也不忘停下来与身边友伴讨论,偶尔她也举手向正在教室巡逻的历史老师请教。

多数学生与D一样,他们几乎都利用计算机收集讯息,也翻开历史笔记本写下不少重点摘要,这些内容包括:大战背景脉落、开战原因、自己心得或反省……此外,学生D还利用计算机整理资料,她将所收集到的资料做出画面撷取、分类与整理,有时也开分享与他人共享这些信息。

任务进行至第二周,她在笔记本上已整理出不少"自己版本"的第一次世界大战爆发原因,较特别的是,通过与他人对话与文本阅读,她在笔记本上以"自问自答"方式来解释第一次世界大战起因,此举几组问答如下:

自问:谁是战争中第一位受害者?

自答:战争的第一伤亡或说第一位受害者是奥匈帝国皇储斐迪南大公夫妇。

自问:以我的观点来看,造成第一次世界大战的原因是?

自答:奥匈帝国皇储斐迪南大公是王位的继承人,而其强大帝国覆盖了整个中欧……他的死亡很快导致了一场席卷欧洲所有主要大国的全面战争……

自问:是德国发动战争吗?

自答：德国是战争发生原因之一，但不是塞族人刺杀奥匈帝国皇储以致发动战争的唯一原因，不过，德国却将许多国家一同卷入并扩大了战争。（访学生，201808）

■ 强调对研究伦理的注重

当学生在进行"第一次世界大战的起因"探究时，根据观察，学生于网络上检索资料或参考纸本书籍时，通常会一边阅读、一边记下/拍下参考资料的位置或出版讯息，并将其整理列于研究报告的末页。

由于多数学生已有探究或研究主题的经验，对于研究伦理的意义也多知悉。对此，多位学科老师也指出，平日课堂探究主题时，也都不断地向学生强调学术的诚信行为，如"领域或主题内的基础知识和常识不需要特别被指出""若对资料来源是否为常识有所迟疑时，那么就应该引用"等。

我们知道要把参考资料放在报告的最末页，我们早就知道要这么做了。这可以让别人知道我参考哪些资料，还有里面的一些话又是谁说的……（访学生Y）

不过，显然地，历史老师比其他学科老师更注意学生是否清楚标示参考文章的来源、文献书写的格式等。历史老师认为，引导学生了解学术诚信在实践中的意义至关重要，因为它能帮助学生去发展并了解、探究、沟通，以及行动中的诚信问题，这对于历史科尤其重要。她也进一步指出，学生已到八年级，对于探究式学习应更为严谨。为此，她也特别安排了近一节课时间为学生再度解释参考文献格式的写法，以及一些注意事项。

■ 鼓励朝向作为一名真正的历史学家 | "请客观！"

史观，是对历史所采取的一种观点，此观点可能来自于对历史事实的科学分析、归纳或解释，也可能来自于对历史观念的哲学综合、演绎或规范等。人人来自不同的生长背景、政治立场、宗教信仰等，人人可能都有属于自己的史观。

然而，无论是谁的历史观也许也就是一种个人的主观看法而已，但历史老师仍鼓励学生在理解或反省这些历史事件时，能尽量地保持客观中立，尤其在做出评论时，也不能忘掉加上"以我的观点来看……"[①]来区分那些事实性知识。历史老师指出，即使不是人人都是历史学家，但学生在进行历史探究时仍应努力朝向以"作为一名真正的历史学家"自居，即使对资料进行收集、诠释，以及反思时可能仍有所偏狭／较不偏狭、全面／较不全面，但不能不意识到自己应"努力"朝向于此，而此也是历史学习的一部分，更是历史教师的教学责任。易言之，师生应时时体认到自己和他人"正"作为一名历史参与者的重要性。

---

① 前文中提及学生D的自问自答列举第二题"以我的观点，造成第一次世界大战的原因是？"便是一例。

■ 纸笔测验内容以批判分析取向为主

根据课纲,在历史学科评量中,反馈的目的在于鼓励学生提出自己的解释并讨论自己的观点,除了书面作业,教师也应考虑学生在学习和产出方面的多样化表现,更重要的是,评估范围不是内容的记忆,而是注重知识的运用和对历史思维的掌握。

那么,师生如何评量"第一次世界大战起因"探究?师生除了在学教历程中的口头、讨论等形成性或诊断性评量之外,在将近两个月的个人探究之后,学生也必须将研究报告成果以电子邮件附加档案方式直接传送给历史老师收取,而老师在阅读并给予评价之后,会将分数回传给学生以做确认,并在分数回传后的第一次课堂上,再向大家说明此项任务成果的整体表现优缺,以鼓励见贤思齐或下次改进。

然而,此"第一次世界大战起因"或整个主题完成之后是否进行纸笔测验?答案是是的。在学期将结束之前,历史老师将本学期所学的几个重要概念加以整理、复习与公开,让学生能先做准备,这些题目均是过去一学期师生所教学,如为什么会发生第一次世界大战?你认为最主要的原因为何?当时,芬兰扮演的角色为何?对此,教师一边鼓励学生学习以客观与中立的立场来陈述事实,同时也鼓励他们提出"以我的观点来看……"批判性观点,显然,教师引导学生朝向的是对于人性关怀和历史客观等方向上去思索。

现象为本学习——12. 蕴含立体学习地景的沃土

赫尔辛基市政府鼓励所在地区学校实施"现象为本学习",鼓励师生"以真实世界中的现象为意义之网,从提出问题或怀疑出发,网罗各领域知能的整合,注意整合学习之间衔接的意义性,随时空进展不断地进行探讨,以达成对此现象较为全面且整体的学习与理解,甚至提出解决之道或建议"。

以真实世界中的现象为意义之网的探究式学习

为培养学生"七大横向能力",新课纲规定每间学校每学年至少需实施一次"多学科学习模块",此课程设计可以是学习科目的整合,也可以是跨年级的课程设计。

据此,赫尔辛基市政府鼓励所在地区学校实施"现象为本学习",鼓励师生"以真实世界中的现象为意义之网,从提出问题或怀疑出发,网罗各领域知能的整合,注意整合学习之间衔接的意义性,随时空进展不断地进行探讨,以达成对此现象较为全面且整体的学习与理解,甚至提出解决之道或建议"。

通过多学科学习模块或现象为本学习取径,主要在于培养学生具备整合能力、掌握学习方法、深度认识与理解现象或问题的本质,进而解决真实世界问题。

沉浸式学习

个案学校师生如何实施现象为本学习?校长指出,由于新课纲上路不久,师生对于何谓"现象为本学习"、如何运作……仍无十足把握,他们也还在摸索和学习。

校长指出,之前一学期,她先到校外参与一些相关研习,教师们同时也阅读一些文献,在某次会议上,他们决定将在第二个学期进行为期一周的"现象为本学习周",他们计划该周所有的学科教学进度暂停,让学生去探讨他们自己感兴趣的真实世界现象或问题

（如图1）。

图1 学生正进行现象研究计量的草稿

上周我就想好了，我会做有关宇宙行星变化的研究……（访学生B）

为让学生对此"新任务"有所准备，新学期开始后不久，老师便先鼓励学生先思考当今世界中有什么现象是自己感兴趣的课题。

从"兴趣"出发，构思自己感兴趣的课题或议题

基于不少学科都有探究式学习的体验，学生对于要去"探究一个主题"似乎不至于觉得手足无措，根据观察与访谈，学生的难处大多发生在初始阶段"确定要探究的主题题目"，即多数学生虽具有基础的探究能力，但却不一定都能完全掌握用以表达意义或思想的"概念"一词的理解。

这是第一次要自己去找主题，我觉得有点挑战。不过这是我们第一次可以选择自己想做的主题，这倒是很新鲜。（访A）

（关于主题的决定）我想不出来，我们这组已经想很久了……英文老师建议我们做自己感兴趣的东西，我们应该会往这方向思考。（访D）

当老师发现学生的学习困难主要在于"确定要探究的主题"时，第一时间便是鼓励学生从兴趣出发，老师提问的脉络是"哪些是你感兴趣？""有没有你想要解决的问题？"等。

五花八门的各种现象/问题探究

现象周的教学，由于教师没有框定较强架构，这让学生有较多空间去发展自己的探究主题，即使他们的定义有所不同、对"统整"①意义理解不一、所采取策略殊异、主要统整的向度有别，但也因此"弹跳出"各种五花八门的探究主题与内容。

"犬的演化"是我感兴趣的主题，我从小就喜欢动物，小犬很可爱……我不像H用绘图软件做动画，我没有兴趣那么做……我会画图然后剪贴、做成一棵"演化树"。（访P）

我的兴趣是音乐和艺术，但我这次做关于"宇宙"这

---

① 统合整理，就是将两个或两个以上，看起来不相同但却相关的概念，事物或现象组成一个有意义的整体。

个主题。(访B)

关于学生探究的主题相当多元多样,包括:古今文学——自维多利亚时代后的文学变迁(个人)、犬的演化(个人)、流行服饰的五十年历史(三人一组)、能源形式的改变(个人)、宇宙快速扩张(个人)……根据观察与访谈,大多数学生都选择自己感兴趣的主题进行研究,且以个人探究为主,然而,根据所选主题性质所探究的面向乃具有差异,如有专注于"事实性知识的探讨",也有专注于"发掘人/我、事物、现象之间关系"等。

以自我评量为主 | "你跨领域学习了吗?"

现象周的学习表现如何评量?

根据教师的筹划,由于此现象周是首次实施,师生还在练习与学习阶段,故学校决定此次学习成果并不涉及任何一科学科成绩计算。然而,教师仍另规划有可供学生自我评估学习周整体表现的"自评表"。基于现象为本的学习是以多学科学习模板转化为实践为主,故评量项目首先着重于引导学生思考如"你跨领域学习了吗?"一类问题。

教师指出,规划此表的目的是为了提供信息以考量现象周学习的整体表现,并作为日后课程筹划改进依据,另一目的在于加强学生自我反馈机制的建立与再稳固,即促进学生自我评估能力的发展。

观察外一章：我看见了立体学习！

在芬兰研究期间，我经常被人问起"什么是现象为本学习？"有趣的是，提问者不仅来自他国交换生，也有很大一部分来自于芬兰当地，甚至是个案学校师生。

一开始，我仅能够针对自己出发前有限的文献做出分享，后来，他们和我一样都发现了一件事：因为研究关系，我似乎有了比他们更多的文献、文件，以及讯息来源。例如：我知道一些学术名词的意义和差别、×××时间在×××地点将有一现象为本学习研讨会、×××学者谈的定义和×××学者的定义不太一样等。

他们开始向我打听讯息、"更新"对现象为本学习的理解，抑或是他们又引领我再去拜访谁，然后我们又一起"更新"资料等。

（某次教师共备会议上）

宗教老师：究竟超学科和多学科有什么不同？

我：超学科是指学科界限不易察觉，而多学科是指学科边界清楚……

宗教老师：那我们的现象为本学习不可以是超学科吗？

五年级导师：可以啊，为什么不行？

宗教老师：那为什么要跟学生强调"学科"？

数学老师：因为七到九年级是分科教学。

五年级导师：对，不一样，不过，就是做做看……

数学老师：我建议我们不要再以"周"这样来做，这样太花时间了。

五年级导师：你说的就是我们这几次开会的重点，我们要来检讨并找到较好的做法。

我：我最近正好读到一本书，有关现象为本学习，或许你们会有兴趣。

五年级导师：好啊，你要不要先说说看那是什么。

2018年11月，幸运地，我跟随林教授一同参与了赫尔辛基教育周的盛会，我们一同拜访一间学校T，观察他们如何实施现象为本学习。

由于我已有个案学校实施的案例，再看这间学校T师生的实践时，相当讶异的是——师生所进行的现象为本学习模式与个案学校如此不同！几乎同一时间，我心中突然开阔起来，我想是否芬兰师生在教育政策的转化上，其方法和手段并非如何"高深莫测"，相对地，他们仅是"大胆梦想"下愿意一次次、不断地试练/试验"未来课程"而已？

这让我回想起个案学校学生在现象周的各种"弹跳出"的学习。

学生各自发展了属于自己的学习历程和学习成果，即使有人一展平日学习素养、表现亮眼，有人却是心有余而力不足，但学生"朝向以探究为本的统整学习"行动却是一致的、清晰的、笃定的。

因此，"立体学习"，是指"不同学生基于彰显权益能发挥实验性学习精神、愿意主动体验新的学习路径或方法，甚至挑战以具创意或创新方式来迎接挑战,以达学习目标的一种学习方式或历程"。

当下,有许多师生正在实践属于他们自己独树一帜的现象为本学习体验,有无数个自动"弹跳出"的实践正在发生。

我要敬佩的可能不仅是在课堂上师生学教的创意和勇气,更是对整个芬兰教育政策制定、地方教育机关,以及社会大众对于此"试(误)"过程抱有较大的忍受空间,在新课纲实施下,能够一起"匍匐"前进,对某些政令或实施条例的意义、实施方式等一再调整与定义,或说正为它塑形。

如今,我也陆续地阅读到一些新的研究,指出芬兰实施"现象为本学习"教学方法的初步成果,如同多数的研究一样,目前有正、反两面影响的论述。不过,我也认为要"习于"且"乐见"这样较多研究的来回辩证,才"越能清晰明朗""越有机会通过多样化的素材来反省当前政策与实践或其之间的联结",它有助于对各种结构或非结构因素、潜在的或外显的因子的一再发掘、检验或反对。

课间活动——13. 作为学习一环的课间活动

芬兰学校鼓励孩子户外游戏不分四季，这让学生的身体获得持续性且均衡性发展，有助于让学生回到教室后专注力集中，至于成人的贴身照护则是配套做法，如师长们的轮流看护便是一例。当然，根据教学现场的长期观察与访谈，我认为，此配套也有赖于一线教师对政策的尽力落实，让政策与实务之间的联结能有效接轨，然而，我也不禁为教师们感到忧心的是——长期担任导护工作的老师们要利用什么时间休息？那"飞奔式"走法是否同时也蕴含有相当压力？芬兰教师们的情绪地景又是如何呢……

校长的苦口婆心

每周三的午后两点到四点,为个案学校全体教师的共同备课,此日,学生会陆续在两点前放学,教师则会齐聚于学校咖啡厅进行开会。

校长在每周会议上不断地强调担任课间导护的教师应在课堂结束后,"尽快"抵达院子以为孩子的游戏安全进行照护与把关(这马上让我联想到英文老师"飞奔式"走法),"这是学校任务的一部分,我们必须要准时抵达。""这是为了孩子们的安全,安全第一,请大家务必配合。"校长严肃地说。

当天的会议明显结束较晚,才一解散,老师们几乎都急着到衣帽间整装更鞋、匆忙下班。"准时下班"是芬兰社会的显著文化,很多老师都赶着要去学校接孩子,少数一些则是去参加社团或社交活动。

教师的同理心

"可能我们做得还不够好,也可能是有些老师因事耽搁了……"英文老师一边戴上毛帽一边与我分享她的会后心得。

"因事耽搁?"我疑惑地问。

"没有人会不关心孩子的安全,你可以说芬兰人是全世界最重视孩子福利和安全的国家之一……老师一定是因为什么事情被耽搁了才会没有准时去院子担任导护……"英文老师似乎有些同理地回答。

"刚刚听校长谈起，似乎并非所有的老师都担任导护，是这样吗？"我问英文老师。

"是啊，已有其他任务的老师便不会在名单上面。"英文老师接着说，"像音乐老师，她在每一节下课后可能会需要去检查乐器使用后的状态，相信我，这不会比担任导护轻松的。"她换上雪靴后又套上厚重外套，动作熟练且看似轻而易举。

"对了，K，明天我们有访谈，一样在咖啡厅见吗？"在她预备离开前我赶紧提醒她第二天和她的约会。

"啊，我忘了告诉你，那时段我正好被排到要做督导。如果你不介意，明天可以直接约在院子里见面，当然，我们也可以再约时间。"英文老师临走前这么说。

"当然，我明天去院子找你。"我对她说。

"好的，那就明天见！"K打开了门走出学校，消失在雪地里。

强制到户外游戏的课间活动｜人和建筑物都需要休息

事实上，不仅英文老师，整个冬天，不少老师都和我约在院子做访谈，谈话中常伴随雪花纷飞，怕冷的我在抵达芬兰初期时，经常都无法专心听老师讲话。不过，也因为如此，我有机会近距离且长期地观察到孩子们在大雪纷飞时依然活力饱满、活蹦乱跳。他们穿着厚重雪衣、雪靴、背带裤……穿梭追逐，显然无碍于这零下十几摄氏度的近身包围，移动仍十分灵活，即使追逐中跌跤常见，却也丝毫兴致未减（如图1）。

图1　学生下课时间在院子游戏

"这么冷的天气孩子们却总是玩得这么开心。"我对身边担任督导的英文老师说。

"是啊！他们课间一定要出来玩一玩，"她接着说："这是芬兰学校教育的特色——强制到院子玩游戏。"

"强制？强制他们一定要出来户外游戏吗？"虽然已阅读过一些文献，但第一次从教学现场老师口中说出时仍想再探究竟。

"对，他们需要活动才能保持身体健康，一直待在教室反而容易生病、头痛。"英文老师进一步解释，"建筑物也要休息"。

以往从媒体文章中得知芬兰鼓励学生在游戏中学习、重视课间活动等，再探讨芬兰的政策规定后也发现，关于课间活动也有相关要求。

没有统一的日程作息表、小学和中学强不强制仍有差别

根据一般性规定，学校在每节至少45分钟的教学时间结束后，要让学生休息15分钟，若上课时间更长（如60分钟或75分钟），则休息时间也必须相应延长。然而，在不违反此规定下，当地市政当局和学校仍有很大的自主权可以决定自己的日行程作息，因此，芬兰没有统一规定的日程作息表。

以个案学校为例，每节上课时间为45分钟、下课15分钟，在课间时间（每节下课休息时间），相对于中学生因移动专科教室未受到强制外，小学生则被规定必须到院子里玩耍，图2即为个案学校六年级生的典型上课日程安排示例。

图2 个案学校六年级生上课日程安排

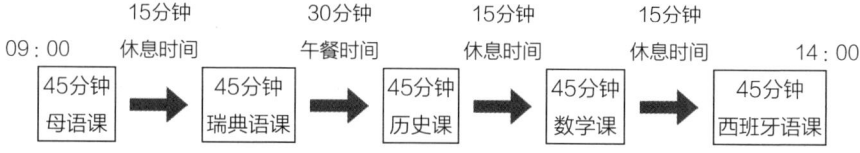

因此，每当下课时间一到，院子里便到处是学生（为顾全游戏质量并考量教师人力，学校也实施分批下课），其所游戏的种类相当多元，根据观察，以"奔跑""跳跃"为主，"玩球"则是其次。例如：学生喜爱玩追逐游戏（类似本土学生也爱玩的"鬼抓人"游戏）和跳绳（有时候督察老师会帮忙牵绳）、中低年级学生喜欢踢足球、高年级学生喜欢打篮球……整个院子，到处跑着追球/追人、躺在雪

地上翻滚、投入各种游戏设施的学生，即使是雪雨纷飞，依然兴致高昂。

观察外一章：教师也为课间活动备课

根据芬兰2016年课纲：

"课间休息，上午集会和许多类型的公共活动对于学校的社区精神以及学生的健康发展，社会关系和学习能力具有关键作用"。

本书仅先谈到了课间时间，尚未提到晨会。不过，从芬兰课纲和学校教师对这些看似非学科学习却作为"正式课程"一部分之筹划重视，便能知悉学生在学校的学习本包括休息与游戏，这是内含于学校整体课程规划之中的。

在芬兰研究这一年，无论在雪地里移动、游戏，还是雪中与人社交等，已是一种基本生活能力，这非文化差异，而是在大自然下，无论谁作为其中一员，都应有锻炼与适应自然的自觉与能力，恐怕也是"应尽的义务"。

从进入个案学校到离开，课间活动的内容与运作一直受到个案师生的讨论，其中，教师的备课内容更时常包括对其质量的反省与规划。例如，有一次周三教师研习，校长特别邀请专家莅临与教师一起对话思考"如何促进课间活动的质量？"我见到所有教师不分学科的一起参与其中并进行脑力激荡，不断提出有趣且务实的点子，如鼓励学生在课间进行律动或跳舞……这等备课内容是我第一次经历，它有别于我过去所接受的职前或在职进修经验。

记得有一回，特教老师问我："你们的学生放学后常常需要去补习是吗？"根据过去班上孩子的学习经验，我对她点头说有一部分是，她看似有些不能理解地说："亲子如果没有时间相处，那会让我们都感到沮丧……"我明白自己一时之间无法解释清楚，但却很清楚的是，我们的教育改革也正在努力做出改变。

我认为，芬兰学校教育对于课间活动的重视确实可以给世界各国一些很好的思考素材与提醒，例如，学生和房子一样都需要休息、游戏活动有助于学习专注力更集中等。"课间活动"之慎思与规划绝对是一值得关注的课题，而它目前本身却似乎也是一个缺的课题。

整体来说，芬兰学校鼓励孩子户外游戏不分四季，这让学生的身体可以获得持续性且均衡性的发展，有助于学生回到教室后的专注力集中，至于成人的贴身照护则是配套做法，如师长们的轮流看护便是一例。当然，根据教学现场的长期观察与访谈，我认为，此配套也有赖于一线教师对政策的尽力落实，让政策与实务之间的联结能有效接轨，然而，我也不禁为教师们感到忧心——长期担任看护工作的老师们要利用什么时间休息？那"飞奔式"走法是否同时也蕴含有相当压力？芬兰教师们的情绪地景又是如何呢[①]？

[①] 情绪地景：不少研究指出，在人我互动为基础的教学工作中，情绪是教学的核心，教与学本质上是情绪性（emotionality）的（Hargreaves, 1998a, 1998b; Jeffrey & Woods, 1996）。教师在工作中看似没有直接的情绪监督者，但对他们的情绪控制却来自隐性的专业规范、社会期望及由此导致的自我审查。因此，在教育改革过程中，教师的情绪地景也是亟需被关注的。

第四章

芬兰课堂观察：非正式课程篇

师生专属的庆典

我第一次亲眼见到学校的结（毕）业庆典是专属于师生，没有天地君亲般的拜师仪式、未见地方政务官员莅临谈话、没有华丽的会场布置，也没有派驻任何人作为专职人员进行招待等，所来的嘉宾就是孩子的家人，而孩子本身就作为家长的招待者，一切如此简单却宾主尽欢……此时，特教老师M从我身旁经过并突然问起我："你们学校的毕业庆典也和我们一样吗？"

庆典是师生的"大日子"

今天是学期最后一天，学校春季庆典的日子。依学校规划，今天将举行全校结业式和九年级生的毕业庆典。对芬兰亲师生来说，典礼对学校、社区家庭，以及学生个人是相当重要的日子，它象征着学生在学校学习一段时日后有所成长，而亲师于此时将献上最美好祝福。

庆典举行前一个月起，全校便已充满庆典的气氛。师生不仅一起为礼堂装点，各班也安排有多样表演活动的彩排，且几乎每个班级都有参与。偶尔经过礼堂或走廊，我都被成群结队、表演彩排的学生们所散发出来的欢乐气氛感染。

当看见他们认真地彩排话剧、相互练习对白，或一人一乐器研究乐谱、吹响乐曲时，即使每天这样连续一至两个小时都未进到教室里"坐好上课"，但进行的也是真实学习，大家显然相当投入，似乎也认为这是学校课程的一部分，一点也不认为是"额外多出来的事"。

以学生的个人创作为会场布置的元素

由于学生彩排、教师协助场务管理等，各班课表多有变动，这让身为参与观察的我也更能理解典礼在师生心中如何作为一件重要且值得大家一起努力的事。我也随师生一起忙进忙出，即使自己所做相当有限，但也记得在其彩排时为其协助、在会场布置时也尽一份心力（如图1）。

那天，我随视觉艺术老师来到会场。一到会场，便见到所装点的元素和物件几乎都是过去这一学期以来各年级学生在校的手作物或个人创作，包括：纸雕、雕塑、摺花、画作等（如图1）。视觉艺术老师指出，由于庆典的主角是学生，"还有什么会比放上学生自己的作品更为适合呢？"她一边笑着说，一边查看身边的学生手作——向日葵纸花，然后小心翼翼地将一朵稍有折毁的纸花铺平。

图1　师生共同投入会场的布置

"你知道的，当他们看见自己做的作品在礼堂出现，他们和他们的父母会有多开心！每一年，我们都看到学生和他们的父母讨论着自己的作品，亲子间的对话……"视觉艺术老师笑着补充道。

我点点头，她又继续说："不过，在这个时候，也就是整个学校最忙碌的时候了……在芬兰，接近学期末的这个时候通常学校内的忙碌是很可怕的，你有看到大家都忙得不可开交吗？为了办好庆典，大家都很尽力。"她继续检查着这些纸花说。

"我可以感受到……最近，我也无法跟许多师生交谈，因为大家忙着彩排……对了，杰西卡，我很好奇每位老师对于庆典都有主要任务吗？像你的任务是布置会场……老师们会如何分配这些任务？"我向她问道。

"老师的任务？依专长来分配当然是比较好的。像我和纺织老师就是专门负责会场空间布置，因为我们这里有很多学生的作品，可以一起讨论和规划。"听她这么一说，我才想起刚刚看见纺织老师也拿着学生上周挑染的画布在会场进进出出。

"那么，学生会一起帮忙吗？"学生在学习中所扮演的角色一直是我的关怀，虽然看见有几位学生也在会场帮忙张罗，但似乎还是相对少数。

"当然啊，他们可以做任何他们能做的。不过，有些事还是得由老师自己来做，这部分也是我们感受压力的原因。"她将一朵外形被压平、缺乏立体感的向日葵稍作反摺后再将它挂在门边，接着突然笑着对我说："你们以为芬兰老师都没有压力？你跟着我们上课这么久了应该知道事实并非如此，不过，辛苦这阵子后大家都有长假可放，放假对师生都是很重要的。"她接着说："这个暑假我的亲人要来找我，也许我们会一起到意大利旅行，这让这时候的繁忙压力可以有些舒缓。"语毕，她俏皮地对我眨了一下眼睛。

家长是唯一受邀的嘉宾

庆典当天，学校来了许多嘉宾，大多数的嘉宾身份都是——学生家长。我依平日上课时间抵达学校时，已是人山人海，特教老师M告诉我，学生的家长几乎都已抵达（如图2）。

图2 家长踊跃参与期末庆典

我小心翼翼地穿过人群，先到个案班级去。一进班，看见导师S正在教室前方交代事项。当我坐定、凝神一看，惊讶的是——这些交往了近一个学期的学生们我竟然一个都快认不出了。他们身着正式服装、脸上涂抹一丝颜色，就连日常最为朴实的学生A也卷了发尾、头戴网纱，身着镶有手工蕾丝的洋装，完全不同于平日装扮。

我再仔细一看，男生们多穿着西装外套、发抹凝膏，女生们多身穿小礼服、发梳匀整，我再端详站在前方的导师S，他身着皮裤搭配白色衬衫，外罩一件黑色皮革背心，脚踩略带厚跟的皮鞋，让身高本就超过190公分的他看起来更是挺拔修长。师生如此齐聚一堂，是我入校观察这几个月来首次见到，他们一致以盛装回应了对学期终了意义的重视，庆典在其心目中的地位恐怕远超过我的想象。

困窘的是，我对于自己当下一如往常的打扮突然感到有些不好意思，也觉得自己实在太大意，竟没有预先认知庆典对芬兰师生的重要意义。

简单而隆重的一小时

在个案学校，一年级至六年级和七年级至九年级的庆典分开举行，前者优先，后者紧接其后，时间各约一小时，表演节目并不相同。由于第一次参与观察盛典，我两场均参加，也充分感受到学校在典礼中想要凸显的同一种精神——"以学生为主角"，尽管过程简单但却又隆重。

以七年级至九年级为例，庆典开始前，礼堂先播放几首轻松愉快的音乐，再来是七、八年级生的音乐舞蹈联合表演（共约15分钟），紧接着，校长便上台致辞。

由于个案学校包含英语教学和芬兰语教学双轨，因此，当校长致辞时，她前后分别以芬兰语和英语发表讲话，谈话内容简洁扼要，大抵是先祝贺所有学生过去一学期以来的学习成果，然后再为将展翅高飞的九年级学生献上祝福，让人惊喜的是校长有重点却又不失诚挚之情的说话仅有五分钟！"这是学生的场子，我只是配角"，她在事后接受我的访谈这么告诉我,让我印象相当深刻。

接下来,副校长开始一一邀请毕业生上台接受校长亲自颁发毕业证书。每当副校长读出一位学生姓名时,准毕业生往台前走去时,他们的家人无不也有些激动地趋步向前,想为子女拍下最重要的一刻,他们看似相当重视这场庆典对孩子本身和对家庭本身的意义,有些父母甚至还当场留下了感动的眼泪。若说它仅是一场年度仪式可能还不足以凸显其实质意义,这对师生来说,绝对是一场让人一辈子难忘的心灵飨宴。

在庆典结束之前,七、八年级学生各再以一首歌曲互道祝福,多位师长合奏一曲来承接。到这儿,本以为庆典就要结束,却见作为大家长的校长突然从幕后跳出,以一段一分钟Rap为典礼闭幕,她突如其来的表演让在座师生很惊喜,其具有创意的表达与对教育的热情通过实际行动已为学校整体专业形象做出了完美的诠释,她的表演获得大家青睐,也为当天的典礼画下了完美句号。

观察外一章:时间和空间留给了学生和家长

庆典结束后,人潮没有散去。剩下的时间,则全数回到师生身上。

我观察到:学生或领着家人于校园走动;或向家人指说何处有自己的作品;或与身边经过的人互道结(毕)业恭喜;或预祝假期愉快等,他们身着正式服装衬托出得宜的举止,其言谈间与一般成人无异,有很多时刻,我都以为我快要分不清哪些是学生、哪些是家长了……是否，人总在一夜之间长大？

"还记得自己的毕业庆典吗？"我自问。当我作为一名学生且成为一名老师后所参与的毕业庆典，几乎都千篇一律。

在芬兰，我第一次亲眼见到学校的结（毕）业庆典如是专属于师生，没有天地君亲般的拜师仪式、未见地方政务官员莅临谈话、没有华丽的会场布置，也没有派驻任何人作为专职人员招待等，所来的嘉宾就是孩子的家人，而孩子本身就作为家长的招待者，一切如此简单却宾主尽欢。

后来，特教老师M从我身旁经过也问起我："你们学校的毕业庆典也和我们一样吗？"我思考了一下，突然不知如何回答，依直觉说："不太一样，也许我们会有较多成人对孩子的谈话与期待……"

当天，在回家的路上，我突然更想进一步澄清的是——仪式，究竟是谁的需要或想要？筹办庆典的目的是什么？谁会真正地需要这场庆典呢？

学生代表会议

　　S老师眼见当下的沟通局面有些僵持不下,便缓缓地说道:"这一次你们的意见很明显不同,还是以投票来决定?"

　　九年级生:"我不认为这种问题可以投票来决定。"

　　这时,L也义正词严地说:"重点不是能否使用手机,而是如何正确使用!"

　　瞬间,大家又安静了下来……

引导关心"世界正发生的事"

2018年7月30日,为落实法国总统马克龙的竞选承诺,由共和国前进党提出的中小学校园禁用手机法案于国会正式通过,并于9月实施,此旨在促使学生上课可以更专心、减少网络霸凌及色情传递……(法国电报)

某日,教师H在七年级课堂教导健康教育时,特别对学生提到此"法国禁止十五岁以下的学生在校使用手机与平板计算机等行动上网装置"新闻内容。

H老师开门见山地说:"我们的友好国家法国已禁止学生在学校内使用手机了,这是因为学生使用手机不当所致,"她又接着说:"这是欧洲第一个国家这么做,事实上,很多国家也都面临了类似的问题……有没有可能有一天我们也会跟进?"紧接着,她邀请学生对此议题谈谈自己的想法。

"禁用手机"的议题很快地便引起了学生的兴趣和注意,尤其,在手机使用的规范上,个案学校并未给予学生任何限制。当H老师话一说完,学生便七嘴八舌地谈论起来。

回到对本土现状的反省

学生K率先举手回应:"我不敢相信法国人这么做……他们不应该做!这是不聪明的决定。"他看起来有些激动与惊讶,紧接着又说:"没有这些工具要如何学习?这会制造很多问题,我很同情那些法国学生……"他看起来似乎又有点气馁。

不久，学生L也提出看法："我一直以为法国是民主开放国家，他们这样做有些让人失望……"学生的讨论越来越热烈，大致上的意见都倾向于"不赞成"学校禁止学生使用手机，所抱持理由多半是"手机是学习工具之一""手机是个人财产""手机是生活的一部分"等。

这时，教师H请大家听听她的意见，她向全班学生说："事实上，在芬兰校园中学生未能好好地使用手机的情形也是有的，或许我们学校就有一些例子……像是上课打电玩或社群网站聊天……我想，或许哪天我们政府也会去思考这一类问题，大家要有心理准备。"她有些严肃地说。

下课后，我随H老师一起来到咖啡厅。我请教H老师是否芬兰校园也同样面临越来越严重的手机干扰课堂教学问题？H老师像是开了话匣子一样，滔滔不绝地说："当然，我们芬兰学校也有很多这种问题，老师们常有抱怨，但目前都是规劝为主，倾向不选择禁用。'禁止'一向不符合芬兰教育的精神，但这确实是校园里一个越来越严重的问题。不过，未来的事，谁说得准？"她对于"禁用手机"一事，似乎也不置可否。

"班级代表"以自愿为主

一个月过去了，某天上课后不久，学校广播突然响起："今天有班级代表会议①，请各班代表现在到×××教室开会！"当时我正参与七年级历史课，听到广播后，也赶紧向师生打过招呼、收拾背包与计算机，便随班上的两位代表L和A一起来到会议现场，而会议主席特教老师S已在教室等候大家了。

在个案学校，此会议每月召开一次，由特教老师担任主席，负责引领学生讨论校务或邀请参与校务决定或建议。在此会议，每班有两名班级代表，采用自愿制，至于任期则由班级师生共同决定，一般来说，通常以学年为单位。

不过，即使如此，也常有各种"意外状况"发生，以七年级某班为例，原本秋季学期担任班级代表之一的Sh，因无意愿续任后，便在春季课程开始时向导师提出了解除职位的请求，而导师在确认她确实心意已决后，于某次的导师时间上随即公开征询是否有其他自愿者愿意出任，最后，则由学生L自愿担任，也就是这次会议的参与者之一。

鼓励发表有"理由"的意见

当师生全数到齐后，作为主席的S老师先向大家做出引言，她说："今天我们要讨论的议题有两个……不过，在讨论之前，我要先帮老师们传递一个讯息，老师们对于大家上课使用手机的状况有些讨论，不知道你们是否可以就这个问题先讨论你们的看法……比

---

① 芬兰中小学校设置有一以学生为主要成员的会议称为"学生代表会议"，这是一让学生可表达声音，对学校提出提案，发挥与他人协商、合作与沟通能力的平台。

方说，班上同学使用手机的情形，或是对'有条件使用手机'的看法……"语毕，大家开始有些窃窃私语。

S老师见状后，似乎想澄清什么，于是又补充说道："我是帮忙传达老师们很关心这个议题，但我们不一定要讨论，若你们认为它不应是一项议题的话。"

此时，一位四年级男生举手说道："我觉得学校对此有些限制是好的，这让学习可以更专心。"他的话尚未说完，一位九年级学生有些激动地回应："若仅是少数人使用不当，那他应为自己行为负责。"这位九年级生似乎还要说话时，七年级生L也接着发表看法，她说："我们上课时常会需要使用这些教具，若学校加以限制将会造成一些麻烦。"顿时，教室突然安静下来。

S老师见大家谈话稍有停留，于是先打破沉默，她转向低年级学生，鼓励他们也可以再发表一些意见。这些低年级生在受到教师鼓励后，便陆续举手发言。不过，他们的发言大多有相似观点，认为有些同学使用手机的情况不甚理想，而老师应该帮忙管理这些问题。

然而，显然地，这些言谈又让高年级学生感到困惑。刚才发言的那位九年级生又举手提道："若私人物品被侵犯会否涉及法律层面问题。"这时候，另一位四年级生则回复他："我们可以将手机摆放在可见的地方，上课时不使用它，但需要时向老师报告一声就好了。"此时，九年级生又补充说道："我们应有保留财物在自己身边的权利。"

超越解决问题的选项？

S老师眼见当下的沟通局面有些僵持不下，便缓缓地说道："这一次你们的意见很明显不同，还是以投票来决定？"

九年级生："我不认为这种问题可以投票来决定。"

这时，L也义正词严地说："重点不是能否使用手机，而是如何正确使用！"

瞬间，大家又安静了下来……

不久，几位七年级至九年级生建议了其他选项，他们建议S老师将讨论过程的内容尽可能地记下，并带回转知其他师长知悉讨论，以替代现场直接投票。S老师听闻后点头表示同意，于是，此议题的讨论便暂且搁下。

会后，当学生一一离开后，我走向S老师并请教她此问题可能如何解决时，S师有些困顿地说："这真是个相当棘手的问题……"她进一步指出，"对于高年级学生来说，他们的学习确实需要一些工具，禁止使用恐怕不是最好的办法。或许'有条件管理'可以试试看。"

至于学生L和A回到班上后，先向身边的几位同学说明了会议内容，然后也提到某些班级代表对使用手机问题的看法等，他们正思考是否也要与导师提出更多的观点。

观察外一章：孩子们该有自己的会议

当会议结束后，我走向看似有些苦恼的S老师，协助她整理好教室后一起离开。

"这些孩子的表现真的非常优秀,他们能够说明自己赞成或反对的理由,也尊重彼此有不同看法,这真的不容易。"我对S老师说。

S老师听闻后笑说:"是啊,这些孩子的表现越来越好了。"她一边整理文件,然后突然转头问我:"你们的师生们会有这个(上课使用手机)困扰吗?你们如何处理?"

正是,此问题确实也困扰我们本地的教育。我思索了一下自己服务学校的规定后便告诉她:"基于家长可能需要联系子女,学生是被允许可以带手机到校的,但上课时间须保持关机。"S老师听到"关机"一词立即点头如捣蒜,苦笑地说:"是啊,这让上课变得容易多了。"

不得不说,每次参与班级代表会议之后自己都有很多反省。

尤其,这是孩子们的会议,提案、通过与否都由他们自己决定;至于高低年级之间的攻防、协商过程,也常是吸引我关注的焦点,通常里面也有很多潜在课程议题可以进一步探讨。例如,我观察到高低年级学生之间的互动,有一部分似也来自于他们自己与教师之间互动经验的复制。

此外,我也承认,自己即使已成为人师,但对于如何引导学生讨论这一类棘手议题恐怕能力仍相当不足;再者,我认为学生若自小这么讨论议题、学习思辨、懂得如何坚持正确或互动协商,随年龄增长应更能朝向辨认是非、更懂得价值澄清。

全校郊游日

在某路口遇"此路不通"标示时，学生Y建议绕一大段路以规避走原路可能遇到的风险，但事实上，这条替代路径也不易出行。在无其他对策下，大家便采用了Y的建议，并在沿途中不断地相互提醒要注意安全……这让"步行"不仅只是走路而已，当遇到突发状况时，还得有临危不惧、合作解决问题的能力……

家长可否参与？

在个案学校，在每个学期结束前，学校会举办一天的"全校郊游日"，每个班级可自行决定出游地点，无须全校统一，行程则以当天来回为主。校长指出，筹划"全校郊游日"主要目的在于过去一两周师生准备期末考试相当辛苦，所以鼓励外出旅行或踏青以释压放松，也为即将开启的假期做准备。

"那么，家长可否参与？"据此，七年级导师U指出：

> 有兴趣当然可以来，但这只是平常课程之一，没有什么特别。我们的家长都知道这一点，这样已经很多年了……（访U师）

对此，较低年级如一、二年级班级导师也指出，根据过去经验，少有家长会参与"全校郊游日"，一年级班级导师T提到：

> 出游也是学习独立，我们会鼓励家长让孩子自行参与。当然，家长若要来也很欢迎。（访T师）

至于对年龄较小学生的安全照护问题，T老师除了有信心地指出平日教学都有尽可能地教导和指引外，助理教师和学科教师也会随行，更有不少班级也选择一起同行出游、彼此照应，家长是可以相当放心的。

我们要去哪里玩？

出发前几天，在导师时间，师生正一起讨论将到何处旅行、做何活动，以及评估各地点条件的优缺。

女学生的兴致显然较男同学高昂，不仅提出旅行地点，也提到所持的理由。例如，女学生F很快地便举手建议："何不去海边？那就在离学校十分钟处，而我们可以尽情享受玩水的乐趣！"其他同学听闻后，有些表示赞成，有些同学似乎也有话要说。

"去森林野餐呢？我们可以找一个邻近森林野餐，大家玩游戏。"E向大家提议。

"我提议去林纳马其乐园①，四年级之后就没去过了。"N紧接着说："我们也可以在那里野餐，应该会很有趣。"

"我附议！那里有很多刺激的游乐设施。"B说完后，拉扯起旁边好友D衣袖相互说："我们可以一路玩到关门！"还一起尖叫起来！

事实上，大家给予的意见不少，所提议地方大多都是他们过去以来曾旅行的经验。导师在学生发表意见的同时也参与讨论，不过，在地点的决定上，他多由学生主动建议，他主要的任务便是与学生一起分析各地点的优缺，也教学生评估的方法。

> 导师：隔壁班要去海边，走路就到了，放松是重点，不要太远。
>
> 学生G：去林纳马其乐园，走路就可以抵达。
>
> 导师：谁知道那门票要多少钱？
>
> 学生X：不必买门票，是要玩游乐器材才要买票……

---

① 林纳马其乐园位于赫尔辛基的阿尔皮拉区，是芬兰历史最悠久的游乐园。它由儿童节基金会所有，并从1950年向公众开放至今。

学生G：不想玩就不必买票，可以在那里野餐。

导师：当天下午三点之前集合并一起回到学校可以吗？

学生G：如果父母同意可以继续留下来玩吗？

导师：当然！

（课堂观察）

最后，在对于地点决定的共识要素上，取决于"走路便可抵达、当天放学时间前能够准时回校、能促进班级师生情感、越少花费越好"四大准则上。由于此四项准则的明确指引，使得师生对于地点的最后选定变得容易许多，最终决定到离校约3.5千米的林纳马其乐园去郊游。

学科教师也参与班级内活动

根据观察与访谈，全校郊游日这天，个案学校超过一半以上班级都选择至走路约十分钟便可抵达的海边玩水、晒太阳，少部分到公园野餐，我们则是唯一挑战步行到离校约3.5千米的林纳马其乐园游玩。

出游那天，除了导师作为各班的当然领队之外，还有一至两位学科教师随班参与，他们多是班级内的学科教师。与我们一同前往乐园游玩的数学老师麦克告诉我，凡未担任导师的学科教师也会参与"全校郊游日"活动，一般来说，学科教师可任选一个自己任教班级直接参与，主要目的之一在于协助导师照顾学生、保障学生安全、培养师生感情。不过,麦克也提到,为避免同一班级内同行的任课教师过多而相对失衡于对其他班级的支援,故学科教师之间通常都会相互周知自己参与班级的动态,以期更能平均分担每位导师的责任。

一早,整个校园洋溢热闹的出游气氛,可能师生经历了先前一周较紧张的期末考试,或对接下来不到几天便是暑假的满心期待,所以,当日旅行也让大家格外珍惜、异常兴奋!

出发前,导师先与每位学生确认放学时间,原来,有些学生在与家长商量之后,决定在午后三点不随班回校,而是会继续留在乐园游玩至夜间才回家,对此,学生多当场直接以手机打电话让家长与导师知会、沟通。

待告一段落后,导师请大家先到厨房领取厨师为全校师生打包好的午餐(水果、牛奶、面包),然后约在校门口集合,准备步行前往林纳马其乐园。

3.5千米路程全程不间断 | 走路的过程就是一种学习?

那天阳光照耀,对芬兰师生来说,显然是相当舒适的气候。

走出校门后,大家有默契地两两一排、自动整理成一长串队伍,就像平日外出到体育馆或球场去上体育课、到博物馆参访、到公园晒太阳一样,并无不同。不过,那天带了一些餐食、野餐垫,准备出游的心情显然更为放松。

一路上,导师走在队伍最前方,我和数学老师在队伍之后,从出发至抵达目的,师生一直不停地向前走,未曾停留。一路上,大家聊天说地,谈电玩、暑假计划、最新漫画进度,其聊话内容就如同我们的学生互动一般,并无太大不同。

然而,与我们的师生出游较不同处则在于:在这里,由于学生全程步行,除有机会欣赏到自己脚下所踩每一步前行之后的沿途风景、湖泊山林,还更需要注意的是出行安全。尤其雪季将近,路上防患未然的施工连绵不断,对某些必经却正在施工中的地段须更保持高度警觉,对突发情况当机立断。例如:在某路口遇"此路不通"标示时,学生Y建议绕一大段路以规避走原路可能遇到的风险,但事实上,这条替代路径也不易于出行,在无其他对策下,大家便采用了Y的建议,并在沿途中不断地相互提醒要注意安全。这让"步行"不仅只是走路而已,当遇到突发状况时,还得有临危不惧、合作解决问题的能力。

整体来说,出游本身就是一种学习历程,它考验大家自我照顾与团队合作的能力,"如何安全地行走"作为真实世界的考题,直接测试日常生活基本能力,这时,无须再有任何额外添入的"学习单"作为学习成果验收的依据。这趟旅行下来,师生真实地走上的不仅是3.5千米的路程,更多的是促进健康的体魄、自我照顾的能力,以及与人合作的机会。

图1　师生与野餐

观察外一章：信任，是互相的

"那么，家长可否参与？"

芬兰老师说得没有错，的确，在这一年的课堂观察里，确实没有看过家长到校参与课堂，反倒看到不少外宾的来访。

在个案学校，根据观察与访谈，凡攸关班级事务，通常都由师生讨论后共同决定，家长鲜少参与其中。校长和教师都认为，家长信任学校与教师专业，同时也尊重孩子的意见，亲师生之间建立并维持在一种相互尊重与信任关系上，这让校务较能畅通运作。换言之，"家长信任学校和老师，学生自然也会信任学校和老师"（访校长），这显然有助于学生的学习动机与学习表现，学生绝对是最大受益者。

然而，根据这将近半年的参与课堂，或许我也还能帮忙补充的是"教师也很信任学生"，我认为在此前提之下，师生才有较大机会一起为课程与教学作出一些决定，兑现师生各有或共同承担的责任与义务，也让教学目标较有可能达至。

如同全校出游日，从头到尾的规划都不是学校或导师单独一方设定，那些如"我们要去哪里玩"是师生一起决定的，评估地点的规准是具有共识的，步行3.5千米路程是相信彼此可以做得到的。不仅有来自家庭对学校的完全信任，也包括学校对师生的信任，以及教师对学生的信任。信任，是相互的。

此外，当我与芬兰师生一起步行近一小时、中途没有任何停顿或休息、阳光始终直射我的双眼……这都让我举步维艰、感受身体的压力时，与我同行的数学老师也是充满自信地说："你可以的！走就对了！"

第五章

芬兰课堂观察：其他

教师共同备课

会议开始后的前半段，主席（校长）先鼓励并邀请教师从"反省"开始。多数老师均踊跃发言，他们大多提出现象周师生表现的一些缺失，例如：学生的自主学习能力不足、教师应更具结构性引导、学习时间太短……，教师反省的内容主要在于教学历程、学生学习成果以及实施策略上的检讨，也有少数提到对课程改革一改再改的气馁与失望等。

强调校本、以解决实务问题为导向

在个案学校，每周三午后的两点至四点，是全校教师共同备课时间。

此会议由校长担任主席，每次均有设定主题讨论或任务派给，例如：进行跨领域课程设计、规划即将到来的×××节日活动、邀请专业人士莅临演讲、选择教学资源等。当学期接近尾声时，共同备课时间也"应景"地摇身一变改为午后派对，教师们会带些水果或糕点享受以庆祝学期终了，除了自勉过去一学期以来的教学辛劳，也预祝即将开始的暑（寒）假愉快！

那么，老师们如何进行备课？事实上，在个案学校，教师共同备课有诸多形式，但主要都指向同一方向：强调校本进修、解决学校师生教学的真实问题。共同备课以校内人员参与为主，所备课内容则多以解决校本实务问题为导向。

对谈焦点在于关心"我们自己"

诚如诸多文献所指，相较于他国，芬兰教师拥有较高专业自主权，事实上，这也包含教师有对自我专业成长形式和成长内涵规划之专业自主。以个案学校为例，教师专业成长类型至少有两个，一是通过团体动力，即教师共同备课；另一则是通过个人自定增能计划。因限于篇幅，本文先聚焦于探讨前者。

以"学科分组"教师共同备课为例。

那天，在总是飘散咖啡与糕点香气的咖啡厅里，教师各依学科/领域分别坐定。当讨论学科课程设计时，教师们对谈最常出现的关键词或字通常是"我们学校……"和"我们学生……"一类，所探问内容则如"我们学校想参加这个×××计划吗？""我们学生有能力在这学期读完这两本英文小说吗？""关于这个单元，我们学生要如何自评？"这类关怀。

事实上，不仅学科内、学科间的共同备课如此，在每一次共同备课会议，教师所谈焦点大多直接锚定于"我们学校""我们学生""我们老师"等层面上的讨论与反省，所说所做之事大多是学校师生之事，尤其致力于如何让教学质量持续提升的慎思上，鲜少去处理"这些"以外的事。

换句话说，全体教师所抱持的像是一种"自己的学校自己来专业经营"的使命，至于共同备课仅是作为达到目标的手段，它汇集了教师共聚一堂、群策群力之目的是促使整体校务运作正常、日常教学稳健，由于目的单纯，教师也能安心扎根、务实耕耘。

备课内涵：理论、实务、同理心

再以"不分组"教师共同备课为例。

那天，有全校教师参与的以共同备课内容为专题的一场演讲，题目为"以校为本的现象为本学习"。

此讲题之决定，主要是校长和教师共同讨论，缘起于校内教师对新课纲下市府强调学校应实施的"现象为本学习"概念和其做法有些模糊，尤其此会议前一个月，全校师生才刚结束现象为本学习周，对此新尝试，多数教师认为实施成效不显著，故提议共同反省，或邀请专家莅临说明。

会议开始后的前半段，主席（校长）先鼓励并邀请教师从"反省"开始。多数老师均踊跃发言，他们大多提出现象周师生表现的一些缺失，例如：学生的自主学习能力不足、教师应更具结构性引导、学习时间太短等，教师反省的内容主要在于教学历程、学生学习成果，以及实施策略上的检讨，也有少数提到对课程改革一改再改的气馁与失望等。

约一个小时过去，一位看来年过六十、发丝斑白，精神却极好的讲师紧接上台。他一上台后，先是对在场教师表达了同理心，但也不忘相互鼓励：我理解我们大家目前的困境，这就是为何我现在站在这里的原因，我想和大家一起解决问题。（教师共同备课会议）

紧接着，这位讲师便直接切入主题，他试图澄清"基于疑问"和"基于现象"两者异同（理论），再以个案学校师生教学的几个真实案例辅助说明（实务），谈理论的同时也切换至实务做出对应，谈实务时也联结回至理论做出比对，这"又学术又实务"的谈话不仅凸显他具有相当厚实的学术底蕴与实务背景，更让现场教师感受对等、富有亲切，看似很能引起每一位教育工作者的共鸣（包括我自己）。

校内教师亦是最佳的讲师人选之一

那么,讲师人选从哪里聘请?

校长指出,依教师需求或主题性质,讲师可聘自市政府、大学,至于校内的其他教师也是很好的人选。

她进一步指出,教师,是专业的教学者,也是研究者,当学校或课堂遇到问题时,他们是第一时间最适合先站出来协助辨识、澄清问题者。也就是说,在问题发生初始阶段,他们能就问题性质与内涵进行判定与评估,教师诚然作为问题解决之关键人物。

不过,校长也提醒,由于问题性质向来复杂交错,故通力合作解决亦是手段之一,这也是学校设置共同备课时间主要原因之一。

观察外一章:原来,你是……

在专题演讲"以校为本的现象为本学习"后,我好奇地走向讲师,除了向他请教现象为本学习相关概念,也请教他为此次共备所设定的增能目标为何。

他听了之后,有些严肃地回应:"我们需要对现象为本学习有共同的认识与理解,才能确保大家行动的方向一致,不会偏离教学常轨。"接着,他若有所思些什么后,又进一步地补充说道:"你可能不知道,这场演讲是我主动向校长提出要分享的,我是自愿担任讲师。"突然间,我有些不明就里,同一时间,他似乎也知道我的困顿,转而微笑地说:"事实上,我是这个学校的老师,我因收集了一些资料、读了一些文献,所以自告奋勇跟校长提到愿意担任这一场的讲师。"

原来,他也是个案学校教师之一。

这让我回想起校长确实甚有自信地说过:教师是实务者,也能做研究。

无疑地,这位老师的勇气让人印象深刻,也让我对校内教师抱持的这种"自己的学校自己来专业经营"的使命,进而直接采取行动感到钦佩。因此,有没有可能我们一直寻求协助的资源或关键人物,其中有一位就是不断维持装备更新的自己?

整体来说,芬兰中小学每周两小时的教师共同备课时间,其运作形式和内容与家乡的教学现场也是很相近的,然较为不同的是,芬兰教师共同备课强调"校本进修"方式,即教师的专业对话几乎都深耕于校内,所谈几乎是校本师生课程与教学的筹划与改善,所慎思对象也以校内师生为主,他们几乎不在平日教学时间之外加班,"我们尽力做好该做的事,放学后就是家庭时间"(访特教老师)。

家长日/夜

餐厅用餐和与导师见面各一小时,其中与全校教师见面、与校长见面、回答关于整体课程问题三项则同步在学校礼堂中举行,时间是一小时,此三项主要运作方式是校长和全校教师一起在会场中等待家长莅临,每一位教师都有自己的桌次和站立位置,桌上摆有每一位教师姓名、所教授学科,以及所担任职务名称之牌卡,这让家长可以一目了然清楚地知道每一位学校教师的基本信息、能直接检索孩子学科老师的位置,也能直接靠近请教或咨询感兴趣的课程问题……

五个师生互动项目

每一学期，学校都会举办家长日/家长夜。它有可能在白天举行，也有可能在夜间举行，按照师生的沟通互动结果而定，它是经过协商后决定且富有弹性的。家长日/夜这天，所有家长都被邀请到学校来认识孩子的老师，了解孩子学习情形以及学校对孩子所规划的整体课程等。

根据秋季行程，师生见面的日子订在某天晚上，时间为午后四点至晚上七点，一共三小时。依据规划，此三小时中，共有五个师生互动项目，包括：

餐厅用餐（限预订）

与全校教师见面

与校长见面

回答关于整体课程问题

与导师见面

五项中，餐厅用餐和与导师见面各一小时，其中与全校教师见面、与校长见面、回答关于整体课程问题三项同步在学校礼堂中举行，时间也是一小时，此三项主要运作方式是校长和全校教师一起在会场中等待家长莅临，每一位教师都有自己的桌次和站立位置（如图1），桌上摆有每一位教师姓名、所教授学科，以及所担任职务名称之牌卡，这让家长可以一目了然清楚地知道每一位学校教师的基本信息、能直接检索孩子学科老师的位置，也能直接靠近请教或咨询感兴趣的课程问题等。

图1　每位教师均有自己的桌次和位置

至于家长参与情形如何？根据文件分析，年级越低学生的家长出席率较高，至于个案班级学生的家长出席率则约一半，少数未参加餐厅用餐，但均有参加其他四项师生互动。

融入"爱心曲奇饼"义卖活动

根据往例，家长日/夜这天都会有一些附属活动加入、共襄盛举。最典型例子便是该学年五年级或六年级生会向来宾销售爱心商品，这一类的收入主要是为即将到来的毕业旅行筹措经费,此爱心义卖行之有年,在校园中已是常态现象。

这天,六年级生在图书室前的撞球台上摆满了"爱心曲奇饼"(如图2),他们打算为毕业旅行赚得一些经费,更期待当天莅临校园的家长们能一同参与。

图2　当天六年级生意——卖曲奇饼干

学生U:这里有曲奇饼,有巧克力和草莓口味……

家长:有香草口味吗?

学生U:小熊饼干有,还是你买小熊饼干?

家长：那曲奇饼多少钱？

学生U：一盒七欧元，还有其他口味……

（走廊观察）

事实上，此班学生贩售"爱心曲奇饼"已有几周时间。在校内，经教师同意后，他们中午时间会在一楼大厅贩售（时间仅15分钟）；在校外，他们放学后会在靠近地铁站外摆摊，每次三到四位学生轮流站岗。他们主打的商品"曲奇饼"是师生讨论后从网络上订购而来，此外，他们也不定时贩售在家庭经济课上亲手烘焙的饼干或糕点，所获收入都投入毕业旅行基金备用。

餐厅用餐：了解学校餐厅环境和伙食

在芬兰中小学，午餐由政府全额补助，学校每周亦会公布菜单内容于公告栏，师生若对菜单内容感兴趣，也能索取电子文件，相关信息多能轻易获得。

家长夜这天，师生的首项交流活动便是一同用餐，不过，由于座位、食材，以及人力有限，此项目采预订制且限制人数。规划此项目主要目的除了欢迎家长莅临家长夜，也让家长有机会了解学校餐厅用餐环境、伙食内容，以及中央餐厨设备等。

校长指出，在此一小时会面中，通过用餐，老师可先为后续互动项目作出暖身。她进一步指出，近几年来，学校不断改进家长日/夜的会面质量，以期能朝向一种较自然而然、放松愉悦的见面谈话气氛，因此，这几年不断地注入新元素，同时聆听家长的建议。

全校师生相见欢｜"你的教学计划是什么？""孩子体能不好怎么办？"

重头戏正式开始，当家长来到时，所有教师已在会场等待，他们一一站在桌后等候家长接近咨询，少数教师则有准备平板电脑以备不时之需。

> 这一项目就是认识和交流……就是面对面说话……所有老师就是站出来与家长面对面交流……说话是重点，文件网络上都有了……（访特教老师G）

由于礼堂内大多没有印制文件，家长和教师的谈话就是亲身接触，由于会场以"学科"将教师作初步分类，家长也就多针对学科教学计划、孩子优/弱势学科向教师提问，对此，教师们显然也都有备而来，多能侃侃而谈。

根据观察，由于参与家长众多，每一学科教师都受到家长"包围"，有些家长甚至也跨年级去参与其他班级学科教师或导师的谈话。一位家长便指出，这样开放的空间让她可以更掌握不同教师的观点，或更能理解同一学科教师可能共同信守的价值，例如，当她向体育老师请教"孩子体能不好怎么办"时，两位体育老师却一致地指出"让孩子保持天气冷也要出去玩的习惯"建议，这让她感觉受用且印象深刻。

与导师谈话"女生领导力较好吗?""孩子说午餐不好吃?"

在转场休息时间,所有导师都快步地回到自己的班上为下一项目做准备。我随个案班级导师S一起回到班级,也尽可能地协助些什么。

不久,家长陆续进到教室并一一坐定,S老师打开计算机投影早已备妥的简报。S老师在自我简介后,也向大家介绍起了我,他提及,我到校参与观察已有半年以上,天天跟着学生上下课,或许会比他更了解班上孩子的学习情形……他建议家长在会议结束后与我一起谈话,看看我的研究发现了什么。他一说完,大家都笑了。

导师S:我先跟大家介绍学校基本资料,剩余的时间你们可以提问,我尽可能地回答。

(家长点头)

导师S:我们会准时结束,也希望我们的谈话可以放在教学上。

(家长点头)

(课堂观察)

导师S所播放的简报是个案学校教师共同设计的公定版本,每一间课堂都会由导师统一播放、向家长说明,主要内容包括:学校历史简介、当前师生人数、学校整个课程计划、学习科目重点,以及卫生保健项目等。当S老师报告时,家长并无表达意见,报告结束后,S老师便问家长是否有其他关心的问题。

家长A：这个班级女生比较多，女生领导力较好吗？是否也有比较多的意见？

导师S：这班级确实女生是多数，但我无法说她们有比较多的意见。每个人都可以表现自己、表达自己的意见。

（一些家长点头）

家长A：我担心男生没有表现机会。

导师S：对，所以我们鼓励每个人去表现自己，这是重点，且不受批评。

（课堂观察）

家长V：孩子说午餐的菜色不够好？我想知道是不是有什么问题？

导师S：例如什么问题？

家长V：也许是菜色选择少，变化少。

家长D：小孩说午餐不好吃，似乎是熟食不够。

导师S：好，我这几天可以去了解一下。

（课堂观察）

以个案班级为例，这天出席的家长大多都是父亲或母亲一方，他们大部分都没有提问，他们提及，这是因为他们过去曾参与个案学校举办的家长日/夜，对学校已有相当认识，至于这一次出席，主要目的在于想要理解新课纲内容和其实施状况。

当会面时间一结束，就如同师生下课一般，老师、家长、学生互道感谢后便各自离去。

观察外一章：免费午餐有问题？

当家长一一走出教室后，一位家长用中文喊住了我。

"你是哪里来的？"一位外貌看似六十多岁的学生父亲微笑地对我说。

对于同样的语言在耳边响起，我感到相当惊喜。我回答了他的问题，并跟他攀谈了起来。

"你来这里做什么研究吗？"他与我一起走到长廊一侧站定后，我尚未回答，他又接着说："我女儿说过你，说你会教他们数学，数学很好啊！"他继续保持微笑。

"我来做我的博士论文研究，然后，我也是中学数学老师。"我一边回答一边用力回想着他口中的"女儿"是否就是指学生Q时，他又紧接着说："你知道我女儿是谁吧？就是Q，不过，你应该不知道她的中文名字，她的名字是×××，我们在家还是说中文的。"

我听闻后有些惊讶，我回想起与Q的对话都以英文交谈，从不知她能说一口流利中文。

我想Q在校的整体表现相当稳定，与同学交往亦很友善，于是我接着回应他的父亲说："原来她是您的女儿，我记得她的芬兰语说得很好，而且很喜欢视觉艺术课。"Q的父亲点点头，依然微笑着。

Q的父亲指出，由于工作关系，他们很早就举家来到芬兰，他告诉我，通过女儿的学习，他认为芬兰教育确实值得东方教育家深入探索。就他与女儿的亲身经验，他是相当认同与推荐芬兰教育系统。

此外，他还提及，不少中国家庭都在芬兰工作或学习，假日时常齐聚打球或聚会，彼此感情相当密切。

不久，他的话题转换，便向我问到："你有去过他们的餐厅吗？他们的伙食如何？"

"餐厅？有的。一些芬兰当季当地的食材，都由学生自行取用，且没有用量的限制。"我回想最近一次到餐厅观察的景象回复他。

"最近几年啊，芬兰的经济也受到影响，我们刚刚就在谈论，是否因为经济因素缩减了孩子午餐的质量。"他看起来有些担心地说。

"我有发现孩子们都吃得不多。"我回应说。

"学校规定学生不能携带午餐，但是，我们做父母的都会担心啊。如果是经济问题，那我们很愿意出钱让整体伙食的质量好一点。"他仍忧心地说。

听Q的父亲这么谈话时，我相当能够理解作为孩子的监护者其对孩子于衣食住行各方面的关注关爱之情，想必刚才在见面会上率先提出"午餐问题"的芬兰家庭也是一样的，天下父母心，谁不是如此呢？

后记：我的研究能带来什么样的贡献

"为何又是去芬兰？……"

"你应该关心本土的教育……"

"是的，因为关心本土教育，我才有勇气走出去。"

"我是一名基层教师，我思考我的专业性应有能力与勇气让自己走出去，并学习从教师观点进行研究，那能改善我和学生的教学生活，也让大家更了解教学样态。"

"大家都谈芬兰教育，但我看不到教学生活，我想亲见耳闻那些被媒体或研究者标榜的美好图像，而我不想只是想……"

"或许，我也不想再裹足不前了，若说未来教育充满无限可能，应该学习一些更先进的教育经验，然后让我们的师生能取得更大的成果。"

自芬兰返回后，我以素人之姿、如步行僧侣般自愿到各处如中小学、大学，以及其他社群团体分享这些第一手资料与反省自己的研究，从原定十场一路增加到超过四十场，只要大家愿意聆听或交流，我都乐意参与。

以"芬兰课堂师生教学真实现状"为讨论素材，通过与读者面对面一同认识或辨认出本土当前教育的优势或机会，同时也能一并思考未来教育的可能性；让学术论文不仅是束之高阁的文本而已，它能流动于日常的人物对话里，小则一句话触动人心，大则可能帮助谁改善了他的生活或生命（我也不断受惠于许多研究与理论）。

吉鲁多次写文章建议教师应"以融入群众的知识分子"自居，研究者学习以此为教育专业重新定调，尤其近四五十年来，各种以卓越与均等为主要诉求的教育改革呼吁不断，正是检视与反思长期在技术理性的现代观课程论引导下，学校教育是否正流失作为公共教育目的性之最适时机。教师必须能够在教室和其他教育场所发挥才智、扩大视野、投入其时间、奉献其心力，做有价值的事情。

基于老师勉励，我写成了这本书，我诚挚地邀请大家在阅读时把握住你在书中所看到的芬兰教育精神，借鉴学习！

这本书的撰写是想经过我的实地走访参观，深入学习，想把所有好的经验带给广大读者。不仅仅是学习，更希望能有机会去实践其中先进之处。

教育任重道远！

"常青藤"书系—中青文教师用书总目录

	书名	书号	定价
	特别推荐——从优秀到卓越系列		
★	从优秀教师到卓越教师：极具影响力的日常教学策略（入选浙江省教师节用书）	9787515312378	33.80
★	从优秀教学到卓越教学：让学生专注学习的最实用教学指南	9787515324227	39.90
★	从优秀学校到卓越学校：他们的校长在哪些方面做得更好	9787515325637	33.80
★	卓越课堂管理（中国教育新闻网2015年度"影响教师的100本书"）	9787515331362	88.00
	名师新经典/教育名著		
	在芬兰中小学课堂观摩研修的365日	9787515363608	49.00
★	马文·柯林斯的教育之道：通往卓越教育的路径（《中国教育报》2019年度"教师喜爱的100本书"，中国教育新闻网"影响教师的100本书"。朱永新作序，李希贵力荐）	9787515355122	49.80
★	如何当好一名学校中层：快速提升中层能力、成就优秀学校的31个高效策略	9787515346519	29.00
★	像冠军一样教学：引领学生走向卓越的62个教学诀窍	9787515343488	49.00
	像冠军一样教学2：引领教师掌握62个教学诀窍的实操手册与教学资源	9787515352022	68.00
★	如何成为高效能教师（美国最畅销教师用书，销量超过350万册，教师培训第一书）	9787515301747	89.00
★	给教师的101条建议（第三版）（《中国教育报》"最佳图书"奖）	9787515342665	33.00
★	改善学生课堂表现的50个方法（入选《中国教育报》"影响教师的100本书"）	9787500693536	33.00
	改善学生课堂表现的50个方法操作指南：小技巧获得大改变	9787515334783	29.00
★	优秀教师一定要知道的17件事（美国当前最有影响教育畅销书作者全新力作）	9787515342726	23.00
	美国中小学世界历史读本/世界地理读本/艺术史读本	9787515317397等	106.00
	美国语文读本1-6	9787515314624等	252.70
	和优秀教师一起读苏霍姆林斯基	9787500698401	27.00
	快速破解60个日常教学难题	9787515339320	39.90
★	美国最好的中学是怎样的——让孩子成为学习高手的乐园	9787515344713	28.00
	建立以学习共同体为导向的师生关系：让教育的复杂问题变得简单	9787515353449	33.80
	教师成长/专业素养		
	卓越教师工具包：帮你顺利度过从教的前5年	9787515361345	49.00
★	可见的学习与深度学习：最大化学生的技能、意志力和兴奋感	9787515361116	45.00
	学生教给我的17件重要的事：带给你爱、勇气、坚持与创意的人生课堂	9787515361208	39.80
★	教师如何持续学习与精进	9787515361109	39.00
	从实习教师到优秀教师	9787515358673	39.90
	像领袖一样教学：改变学生命运，使学生变得更好（中国教育新闻网2015年度"影响教师的100本书"）	9787515355375	49.00
★	你的第一年：新教师如何生存和发展	9787515351599	33.80
	教师精力管理：让教师高效教学，学生自主学习	9787515349169	28.00
	如何使学生成为优秀的思考者和学习者：哈佛大学教育学院课堂思考解决方案	9787515348155	39.80
	反思性教学：一个已被证明能让所有教师做到最好的培训项目（30周年纪念版）	9787515347837	49.00
★	凭什么让学生服你：极具影响力的日常教育策略（中国教育新闻网2017年度"影响教师的100本书"）	9787515347554	28.00

	书名	书号	定价
	运用积极心理学提高学生成绩（中国教育新闻网2017年度"影响教师的100本书"）	9787515345680	39.80
	可见的学习与思维教学：成长型思维教学的54个教学资源：教学资源版	9787515354743	36.00
★	可见的学习与思维教学：让教学对学生可见，让学习对教师可见（中国教育报2017年度"教师最喜爱的100本书"）	9787515345000	29.80
	教学是一段旅程：成长为卓越教师你一定要知道的事	9787515344478	39.00
	安奈特·布鲁肖写给教师的101首诗	9787515340982	35.00
	万人迷老师养成宝典学习指南	9787515340784	28.00
	中小学教师职业道德培训手册：师德的定义、养成与评估	9787515340777	32.00
	成为顶尖教师的10项修炼（中国教育新闻网2015年度"影响教师的100本书"）	9787515334066	35.00
★	T.E.T.教师效能训练——一个已被证明能让所有年龄学生做到最好的培训项目（30周年纪念版）（中国教育新闻网2015年度"影响教师的100本书"）	9787515332284	49.00
	教学需要打破常规：全世界最受欢迎的创意教学法（中国教育新闻网2015年度"影响教师的100本书"）	9787515331591	45.00
	10天卓越教师自我培训（教育家安奈特·布鲁肖顶尖卓越教师培训教材）	9787515329925	29.00
	给幼儿教师的100个创意：幼儿园班级设计与管理/为幼升小做准备	9787515330310等	58.00
	给小学教师的100个创意：发展思维能力	9787515327402	29.00
	给中学教师的100个创意：如何激发学生的天赋和特长/杰出的教学/快速改善学生课堂表现	9787515330723等	87.90
	以学生为中心的翻转教学11法	9787515328386	29.00
	如何使教师保持职业激情	9787515305868	29.00
★	如何培训高效能教师：来自全美权威教师培训项目的建议	9787515324685	32.00
	良好教学效果的12试金石：每天都需要专注的事情清单	9787515326283	29.90
★	让每个学生主动参与学习的37个技巧	9787515320526	45.00
	给教师的40堂培训课：教师学习与发展的最佳实操手册	9787515352787	39.90
	提高学生学习效率的9种教学方法	9787515310954	27.80
★	优秀教师的课堂艺术：唤醒快乐积极的教学技能手册	9787515342719	26.00
★	万人迷老师养成宝典（第2版）（入选《中国教育报》"2010年影响教师的100本书"）	9787515342702	39.00
	高效能教师的9个习惯	9787500699316	26.00
课堂教学/课堂管理			
	跨学科项目式教学：通过"+1"教学法进行计划、管理和评估	9787515361086	49.00
	课堂上最重要的56件事	9787515360775	35.00
★	全脑教学与游戏教学法	9787515360690	39.00
★	深度教学：运用苏格拉底式提问法有效开展备课设计和课堂教学	9787515360591	49.90
★	一看就会的课堂设计：三个步骤快速构建完整的课堂管理体系	9787515360584	39.90
	如何有效激发学生学习兴趣	9787515360577	38.00
	如何解决课堂上最关键的9个问题	9787515360195	49.00
	多元智能教学法：挖掘每一个学生的最大潜能	9787515359885	39.90
★	探究式教学：让学生学会思考的四个步骤	9787515359496	39.00
	课堂提问的技术与艺术	9787515358925	49.00
	如何在课堂上实现卓越的教与学	9787515358321	49.00

书名	书号	定价
基于学习风格的差异化教学	9787515358437	39.90
★ 如何在课堂上提问：好问题胜过好答案	9787515358253	39.00
高度参与的课堂：提高学生专注力的沉浸式教学	9787515357522	39.90
让学习变得有趣	9787515357782	39.00
如何利用学校网络进行项目式学习和个性化学习	9787515357591	39.00
基于问题导向的互动式、启发式与探究式课堂教学法	9787515356792	49.00
如何在课堂中使用讨论：引导学生讨论式学习的60种课堂活动	9787515357027	38.00
如何在课堂中使用差异化教学	9787515357010	39.00
★ 如何在课堂中培养成长型思维	9787515356754	39.00
每一位教师都是领导者：重新定义教学领导力	9787515356518	39.90
教室里的1-2-3魔法教学：美国广泛使用的从学前到八年级的有效课堂纪律管理	9787515355986	39.90
如何在课堂中使用布卢姆教育目标分类法	9787515355658	39.00
如何在课堂上使用学习评估	9787515355597	39.00
7天建立行之有效的课堂管理系统：以学生为中心的分层式正面管教	9787515355269	29.90
积极课堂：如何更好地解决课堂纪律与学生的冲突	9787515354590	38.00
设计智慧课堂：培养学生一生受用的学习习惯与思维方式	9787515352770	39.00
追求学习结果的88个经典教学设计：轻松打造学生积极参与的互动课堂	9787515353524	39.00
从备课开始的100个课堂活动设计：创造积极课堂环境和学习乐趣的教师工具包	9787515353432	33.80
老师怎么教，学生才能记得住	9787515353067	48.00
多维互动式课堂管理：50个行之有效的方法助你事半功倍	9787515353395	39.00
智能课堂设计清单：帮助教师建立一套规范程序和做事方法	9787515352985	49.90
提升学生小组合作学习的56个策略：让学生变得专注、自信、会学习	9787515352954	29.90
快速处理学生行为问题的52个方法：让学生变得自律、专注、爱学习	9787515352428	39.00
王牌教学法：罗恩·克拉克学校的创意课堂	9787515352145	39.80
让学生快速融入课堂的88个趣味游戏：让上课变得新颖、紧凑、有成效	9787515351889	39.00
★ 如何调动与激励学生：唤醒每个内在学习者（李希贵校长推荐全校教师研读）	9787515350448	39.80
合作学习技能35课：培养学生的协作能力和未来竞争力	9787515340524	59.00
基于课程标准的STEM教学设计：有趣有料有效的STEM跨学科培养教学方案	9787515349879	68.00
如何设计教学细节：好课堂是设计出来的	9787515349152	39.00
15秒课堂管理法：让上课变得有料、有趣、有秩序	9787515348490	33.80
混合式教学：技术工具辅助教学实操手册	9787515347073	39.80
从备课开始的50个创意教学法	9787515346618	29.00
中学生实现成绩突破的40个引导方法	9787515345192	33.00
给小学教师的100个简单的科学实验创意	9787515342481	39.00
老师如何提问，学生才会思考	9787515341217	33.80
教师如何提高学生小组合作学习效率	9787515340340	39.00
卓越教师的200条教学策略	9787515340401	35.00
中小学生执行力训练手册：教出高效、专注、有自信的学生	9787515335384	33.80
从课堂开始的创客教育：培养每一位学生的创造能力	9787515342047	33.00

	书名	书号	定价
	提高学生学习专注力的8个方法：打造深度学习课堂	9787515333557	35.00
	改善学生学习态度的58个建议	9787515324067	36.00
★	全脑教学（中国教育新闻网2015年度"影响教师的100本书"）	9787515323169	38.00
★	全脑教学与成长型思维教学：提高学生学习力的92个课堂游戏	9787515349466	39.00
	哈佛大学教育学院思维训练课	9787515325101	36.00
	完美结束一堂课的35个好创意	9787515325163	28.00
	如何更好地教学：优秀教师一定要知道的事（被英国教育界奉为圣经的教学用书）	9787515324609	36.00
	带着目的教与学	9787515323978	28.00
★	美国中小学生社会技能课程与活动（学前阶段/1–3年级/4–6年级/7–12年级）	9787515322537等	153.80
	彻底走出教学误区：开启轻松智能课堂管理的45个方法	9787515322285	28.00
	破解问题学生的行为密码：如何教好焦虑、逆反、孤僻、暴躁、早熟的学生	9787515322292	36.00
	13个教学难题解决手册	9787515320502	28.00
★	让学生爱上学习的165个课堂游戏	9787515319032	39.00
	美国学生游戏与素质训练手册：培养孩子合作、自尊、沟通、情商的103种教育游戏	9787515325156	49.00
	老师怎么说，学生才会听	9787515312057	28.00
	快乐教学：如何让学生积极与你互动（入选《中国教育报》"影响教师的100本书"）	9787500696087	29.00
	老师怎么教，学生才会提问	9787515317410	29.00
★	快速改善课堂纪律的75个方法	9787515313665	28.00
★	教学可以很简单：高效能教师轻松教学7法	9787515314457	39.00
	好老师可以避免的20个课堂错误（入选《中国教育报》"影响教师的100本图书"）	9787500688785	39.90
★	好老师应对课堂挑战的25个方法（《给教师的101条建议》作者新书）	9787500699378	25.00
	好老师激励后进生的21个课堂技巧	9787515311838	39.80
★	开始和结束一堂课的50个好创意	9787515312071	29.80
	好老师因材施教的12个方法（美国著名教师伊莉莎白"好老师"三部曲）	9787500694847	22.00
★	如何打造高效能课堂（美国《学习》杂志"教师必选"奖，"激励教师组织"推荐书目）	9787500680666	29.00
	合理有据的教师评价：课堂评估衡量学生进步	9787515330815	29.00
班主任工作/德育			
★	北京四中8班的教育奇迹	9787515321608	36.00
	师德教育培训手册	9787515326627	29.80
	中小学教师职业道德培训手册：师德的定义、养成与评估	9787515340777	32.00
★	好老师征服后进生的14堂课（美国著名教师伊莉莎白"好老师"三部曲）	9787500693819	39.90
	优秀班主任的50条建议：师德教育感动读本（《中国教育报》专题推荐）	9787515305752	23.00
学校管理/校长领导力			
★	学校管理最重要的48件事	9787515361055	39.80
	重新设计学习和教学空间：设计利于活动、游戏、学习、创造的学习环境	9787515360447	49.90
	重新设计一所好学校：简单、合理、多样化地解构和重塑现有学习空间和学校环境	9787515356129	49.00
	让樱花绽放英华	9787515355603	79.00
	学校管理者平衡时间和精力的21个方法	9787515349886	29.90
	校长引导中层和教师思考的50个问题	9787515349176	29.00

书名	书号	定价
如何定义、评估和改变学校文化	9787515340371	29.80
优秀校长一定要做的18件事（入选《中国教育报》"2009年影响教师的100本书"）	9787515342733	26.00
学科教学/教科研		
北京四中语文课：千古文章	9787515360973	59.00
北京四中语文课：亲近经典	9787515360980	59.00
从备课开始的56个英语创意教学：快速从小白老师到名师高手	9787515359878	49.90
美国学生写作技能训练	9787515355979	39.90
《道德经》妙解、导读与分享（诵读版）	9787515351407	49.00
京沪穗江浙名校名师联手教你：如何写好中考作文	9787515356570	49.90
京沪穗江浙名校名师联手授课：如何写好高考作文	9787515356686	49.80
★ 人大附中中考作文取胜之道	9787515345567	39.80
★ 人大附中高考作文取胜之道	9787515320694	33.80
人大附中学生这样学语文：走近经典名著	9787515328959	33.80
四界语文（中国教育报2017年度"教师喜爱的100本书"）	9787515348483	49.00
让小学一年级孩子爱上阅读的40个方法	9787515307589	39.90
让学生爱上数学的48个游戏	9787515326207	26.00
轻松100课教会孩子阅读英文	9787515338781	88.00
情商教育/心理咨询		
9节课，教你读懂孩子：妙解亲子教育、青春期教育、隔代教育难题	9787515351056	39.80
★ 学生版盖洛普优势识别器（独一无二的优势测量工具）	9787515350387	169.00
与孩子好好说话（获"美国国家育儿出版物（NAPPA）金奖"，沟通圣经）	9787515350370	39.80
中小学心理教师的10项修炼	9787515309347	36.00
别和青春期的孩子较劲（增订版）（入选《中国教育报》"2009年影响教师的100本书"）	9787515343075	28.00
100条让孩子胜出的社交规则	9787515327648	28.00
守护孩子安全一定要知道的17个方法	9787515326405	32.00
幼儿园/学前教育		
用蒙台梭利教育法开启0~6岁男孩潜能	9787515361222	45.00
德国幼儿的自我表达课：不是孩子爱闹情绪，是她/他想说却不会说！	9787515359458	59.00
德国幼儿教育成功的秘密： 近距离体验德国学前教育理念与幼儿园日常活动安排	9787515359465	49.80
美国儿童自然拼读启蒙课：至关重要的早期阅读训练系统	9787515351933	49.80
幼儿园30个大主题活动精选：让工作更轻松的整合技巧	9787515339627	39.80
美国幼儿教育活动大百科：3-6岁儿童学习与发展指南用书 科学/艺术/健康与语言/社会	9787515324265等	600.00
蒙台梭利早期教育法：3-6岁儿童发展指南（理论版）	9787515322544	29.80
蒙台梭利儿童教育手册：3-6岁儿童发展指南（实践版）	9787515307664	33.00
★ 自由地学习：华德福的幼儿园教育	9787515328300	29.90
赞美你：奥巴马给女儿的信	9787515303222	36.00
史上最接地气的幼儿书单	9787515329185	39.80

	书名	书号	定价
	教育主张/教育视野		
	哈佛前1%的秘密（俞敏洪、甲、姚梅林、张梅玲推荐）	9787515363349	59.90
	基于七个习惯的自我领导力教育设计：让学校育人更有道，让学生自育更有根	9787515362809	69.00
	终身学习：让学生在未来拥有不可替代的决胜力	9787515360560	49.90
	颠覆性思维：为什么我们的阅读方式很重要	9787515360393	39.90
	如何教学生阅读与思考：每位教师都需要的阅读训练手册	9787515359472	39.00
	"互联网+"时代，如何做一名成长型教师	9787515340302	29.90
	教出阅读力	9787515352800	39.90
	为学生赋能：当学生自己掌控学习时，会发生什么	9787515352848	33.00
	如何用设计思维创意教学：风靡全球的创造力培养方法	9787515352367	39.80
	如何发现孩子：实践蒙台梭利解放天性的趣味游戏	9787515325750	32.00
	如何学习：用更短的时间达到更佳效果和更好成绩	9787515349084	49.00
	教师和家长共同培养卓越学生的10个策略	9787515331355	27.00
★	如何阅读：一个已被证实的低投入高回报的学习方法	9787515346847	39.00
★	芬兰教育全球第一的秘密（钻石版）（《中国教育报》等主流媒体专题推荐，台湾地区教育类畅销书榜第一名）	9787515359922	59.00
	世界最好的教育给父母和教师的45堂必修课（《芬兰教育全球第一的秘密》2）	9787515342696	28.00
★	杰出青少年的7个习惯（精英版）（中小学图书馆推荐书目、中国青少年必读书目）	9787515342672	39.00
	杰出青少年的7个习惯（成长版）	9787515335155	29.00
★	杰出青少年的6个决定（领袖版）（中小学图书馆推荐书目、中国青少年必读书目、全国优秀出版物奖）	9787515342658	28.00
★	7个习惯教出优秀学生（第2版）（全球第一畅销书《高效能人士的七个习惯》教师版）	9787515342573	39.90
	学习的科学：如何学习得更好更快（入选中国教育网2016年度"影响教师的100本书"）	9787515341767	39.80
	杰出青少年构建内心世界的5个坐标（中国青少年成长公开课）	9787515314952	59.00
★	跳出教育的盒子（第2版）（美国中小学教学经典畅销书）	9787515344676	35.00
	夏烈教授给高中生的19场讲座（入选《中国教育报》"2013年最受教师欢迎的100本书"）	9787515318813	29.90
★	学习之道：美国公认经典学习书	9787515342641	39.00
★	翻转学习：如何更好地实践翻转课堂与慕课教学（中国教育新闻网2015年度"影响教师的100本书"）	9787515334837	32.00
★	翻转课堂与慕课教学：一场正在到来的教育变革	9787515328232	26.00
	翻转课堂与混合式教学：互联网+时代，教育变革的最佳解决方案	9787515349022	29.80
	翻转课堂与深度学习：人工智能时代，以学生为中心的智慧教学	9787515351582	29.80
★	奇迹学校：震撼美国教育界的教学传奇（中国教育新闻网2015年度"影响教师的100本书"）	9787515327044	36.00
★	学校是一段旅程：华德福教师1–8年级教学手记	9787515327945	49.00
★	高效能人士的七个习惯（30周年纪念版）（全球畅销书）	9787515360430	79.00

您可以通过如下途径购买：
1. 书　　店：各地新华书店、教育书店。
2. 网上书店：当当网（www.dangdang.com）、亚马逊中国网（www.amazon.cn）、天猫（zqwts.tmall.com）
　　　　　　京东网（www.360buy.com）。
3. 团　　购：各地教育部门、学校、教师培训机构、图书馆团购，可享受特别优惠。
　　购书热线：010–65511270 / 65516873